지적 생산의 기술

우메사오 다다오 지음 | 김욱 옮김

AK

일러두기

1. 이 책은 국립국어원 외래어 표기법에 따라 일본어를 표기하였다.

2. 어려운 용어는 독자의 이해를 돕기 위해 주석을 달았다. 역자 주와 편집자
   주 외에는 모두 저자의 주석이다
   *주석
   예) 박람강기博覽强記(널리 책을 읽고 이를 잘 기억한다는 뜻-역자 주)
   　　지엽말절枝葉末節(중요하지 않은 사항-편집자 주)

3. 서적 제목은 겹낫표(『』)로 표시하였으며, 그 외 인용, 강조, 생각 등은 따옴
   표를 사용하였다.
   *서적 제목
   예) 『나의 독서법私の読書法』, 『발상법発想法』

머리말

이 책이 완성되기까지의 곡절을 간단히 소개하고자 한다.

이 책은 필자 혼자서 완성시킨 것이 아니다. 수많은 동료와 친구들의 공동 작업으로 맺어진 결실이다.

운이 좋게도 내 주위에는 언제나 훌륭한 동료들이 넘쳐났다. 학창 시절부터 뛰어난 친구들을 지켜보면서, 오히려 선생님에게 배운 것보다 더 많은 지혜와 지식을 경험했으며, 이를 개인적인 성과로 만들 수 있었다. 연구자로서의 길에 들어서서도 공부하는 방법, 연구의 진행 방식 등을 주위 동료들로부터 배우고 익혔다. 자기만의 전문화된 연구 방법이었음에도 서로 공통점이 많았고, 또 뛰어넘어야 할 문제의 양상도 비슷했다. 여러모로 미숙해서 과학적인 연구 방법론이라고 칭하기에는 부족함이 많았다. 그럼에도 각자의 연구를 진행해나가는 데 있어 개인적인 비결이라 부를 만한 지식들이 축적되었고, 이런 지식을 교류하는 과정에서 우리는 서로 큰 도움을 주고받았다. 그런 경험들이 없었다면 이 책은 태어나지 못했을 것이다.

동료들 사이에 이와 같은 비법을 교환하는 정보망이 따로 갖춰져 있지는 않았다. 그럼에도 누군가가 새로운 기술을 발견하면 다른 동료들에게도 금방 소식이 전해졌고, 연구에 적극 활용하기를 주저하지 않았다. 이와 같은 일련의 과정을 통해 점차 새로운 기법들이 개발되었다. 또한 여러 사람이 반복해서 경험하는 동안 부족한 점들이 보완되거나 수정되었다. 이제는 비법이라 불리던 것들이 다수의 연구자들 사이에서 공유 재산처럼 활용되고 있다. 질적으로나 양적으로 상당한 수준에 도달하는 성과를 보여주고 있다.

이들 성과의 일부를 주위 사람들에게 알려줬더니 흥미를 보이는 경우가 많았다. 구체적인 방법을 가르쳐달라고 특별히 부탁해올 정도였다. 이런 주제로 뭔가를 집필해야겠다는 생각을 처음 실천에 옮긴 때가 1964년 가을쯤이었던 것으로 기억한다.

당시 이와나미서점 편집부 직원분과 자리를 마련하여 연구자들 특유의 '비법'에 관한 전문적인 소개가 필요치 않을까 이야기하던 중에, 이 문제는 전문적인 '연구'에만 해당하는 것이 아니라 일반적인 공부 내지는 생활 전반에 필요한 내용이라는 공감대가 형성되었다. 아닌 게 아니라 연구라는 전문적인 활동의 구성 요소를 살펴보면 결국에는 읽기와 쓰기 및 자료 정리와 고찰이 밑바탕을 이루고 있다. 이들 요소는 일상생활에서 행해지는 기본적인 지적 활동의 구성 요소와 전혀 다르지 않다.

그리하여 예상 독자를 연구자뿐 아니라 학업에 정진하는 학생들, 나아가 약간이라도 지적인 작업을 필요로 하는 직업에 종사하고 있는 일반인들까지 모두 포함시키는 새로운 과제를 고민하게 되었다. 그동안 우리의 경험에서 얻어진 정수를 담아내기 위해 나름대로 최선을 다했다. 우리에 앞서 누구도 시도치 않은 도전이었기에 완성된 기술을 설명한다기보다는 이런 종류의 논의가 공론화된 과정부터 차근히 설명하는 기회를 갖기로 했다. 우선은 독자들로 하여금 지적 활동에 필요한 제반 사항에 관심을 가지도록 유도해야 했기 때문이다.

이듬해인 1965년 4월경, 이와나미서점에서 발행하는 『도서図書』라는 잡지에 「지적 생산의 기술에 대하여」라는 제목으로 연재 기사를 쓰기 시작했다. 처음에는 3, 4회 정도 기사를 싣는 것으로 충분하리라 예상했다. 그런데 나도 이런 주제로는 처음 글을 쓰는 것이어서 여러 가지 문제점을 느끼게 되었다. 내가 알고 있는 지식과 정보를 전하는 일은 간단치가 않았다. 그래서 예상과 다르게 1년 가까이 연재를 이어나가게 되었다. 하지만 이후로는 내가 하는 일이 바빠져 도통 여유를 내기가 어려워졌다. 이때까지 대략 6회 분량을 연재했는데 아쉽게도 여기서 일단락되고 말았다.

연재하는 동안 많은 독자들로부터 편지를 받았다. 이와 나미서점에도 상당량의 투서가 쇄도했다고 들었다. 직접 나를 만나 이야기를 듣고 싶다는 분들도 계셨다. 개중에는 직접 내가 근무하는 연구실로 찾아온 사람도 있다. 정말 많은 분들이 내가 쓴 기사에 공감을 나타내셨고 격려해 주셨다. 질문과 새로운 제안도 적지 않았다. 자신이 직접 설계한 카드를 보내온 분도 있다. 이를 통해 나는 아주 많은 사람들이 지적 활동을 지속 가능케 해주는 일련의 방법들에 관심이 있다는 것을 알았고, 이에 대한 내용들을 정리하여 책을 써야겠다고 결심하게 되었다.

연재가 끝난 후에도 독자들의 관심 어린 투서가 이어졌

다. 연재의 첫 회분이 고등학교 국어 교과서에 실렸으며, 그 때문인지는 몰라도 이후 3년간 지적 활동의 방법론에 대한 기술 문의가 빗발쳤다. 나로서는 상상도 못한 호응이었다.

이와나미서점의 권유로 마침내 후속편을 계획하게 되었다. 1968년 10월, 잡지『도서』에「속ㆍ지적 생산의 기술에 대하여」라는 표제로 다섯 번의 연재가 진행되었다. 몇 가지 더 다루고 싶은 항목이 있었으나, 새로 발간되는 책에서 마무리 짓기로 하고 연재는 5회로 마쳤다. 두 차례에 걸쳐 잡지에 실었던 열한 개의 연재물을 정리하여 장별로 나눈 것이 바로 이 책이다.

첫 번째 연재를 앞두고 제목을 짓느라 고생했다. 머릿속을 맴도는 생각들이 적당한 단어로 표현되지 않았던 것이다. 편집부와 머리를 맞대고 다양한 제목을 고민해보았다. '메모ㆍ노트ㆍ기록'은 너무 평범한 느낌이었고, '나만의 공부 비법'이라든가, '사무 능력을 바꾼다', '새로운 경지의 생활' 등은 우리가 추구하는 목표와는 조금 동떨어져 보여서 마음에 들지 않았다. 그때 유카와 히데키湯川秀樹 선생님이 내 고민을 들으시고는 이 또한 결국에는 '기술'

의 문제 아닌가, 라는 힌트를 주셨다. 그러고 보니 내가 추구하는 목표가 '기술'임에 틀림없었다. 그렇다면 어떤 기술인가. 단순히 '공부하는 기술'로만 한정시키기에는 어딘지 아쉽다. 그보다는 창조적인 지적 활동의 전반적인 수단을 다룬다는 의미에서 '지적 생산의 기술'이라는 표현이 제일 적합하다는 생각이 들었다.

실은 좀 더 'how to'적인 부분을 다루고 싶었다. 하지만 우리의 목표는 보다 많은 일반인들이 지적 생산에 관심을 보이도록 만드는 것이다. 그들의 지적인 호기심을 자극하는 정도라면 지나치게 심도 깊은 접근은 오히려 방해가 된다. 같은 이유에서 지적 생산의 기술을 정의내리는 교과서적인 추상도 버렸다. 이를 위해 '지적 생산의 기술서'라는 제목 대신 에세이풍의 뉘앙스가 강한 '지적 생산의 기술에 대하여'라는 기사 제목을 정하게 되었다.

2차 연재 당시에도 수많은 독자들로부터 편지를 받았다. 많은 분들이 기법의 세부 사항에 상당한 관심을 보여주었다. 그 분들의 요구를 수용해 연재 기사를 책으로 다듬으면서 기법의 해석 및 기본 요소들을 설명하는 데 주력했다. 내 역할은 어디까지나 '지적 생산의 기술'이라고 하는 새로운 화제의 제공자일 뿐, 기술에 대한 체계적인 이론가를 자처할 생각은 없다. 지적 생산의 기술에 대한 관심과 체계화는 앞으로의 과제다. 향후 많은 사람들에 의해 다양한 지적 생산의 기술이 개발될 것이며, 자연스레 체계화의 필요성이 대두되리라고 기대해본다.

이 책이 세상에 나오기까지, 잡지 『도서』에 먼저 연재되는 동안 격려를 아끼지 않았던 독자 여러분의 도움이 컸다. 그 분들에게 이 책이 새로운 기회가 되어주기를 바란다. 갖가지 아이디어를 아낌없이 제공해준 친구들, 특별히 가와키타 지로, 후지오카 요시나루, 와자키 요이치, 가토 히데토시, 히구치 긴이치, 히구치 케이지 등의 우정에 진심으로 감사하다는 인사를 전한다. 다시금 언급하겠는데, 유카와 히데키 선생님의 귀중한 가르침이 없었다면 이 책의 핵심이라고 할 수 있는 '지적 생산의 기술'이라는 명제는 태어나지 못했을 것이다. 비록 지적 생산의 기술에 대한 책을 썼지만 나는 그리 뛰어난 지적 생산자는 아니다. 그런 내가 무사히 책을 끝마칠 수 있었던 것은 이와나미서점 편집부의 타무라 요시야, 아사미 이쿠코, 오가와 히사오 씨 등의 끈질긴 응원 덕분이다. 감사의 말을 남긴다.

목차

들어가며

학교는 지나치게 많이 가르친다

어느 예능인에게 이런 말을 들은 기억이 있다. '예능의 요령은 스승에게서 배울 수 있는 것이 아니다. 자기 힘으로 훔쳐야 한다.' 이 말은 가르치는 사람보다 배우는 사람이 보다 적극적인 의욕을 보여줬을 때 한 단계 더 발전할 수 있다는 뜻이다.

예능과 학문은 환경이나 사정이 여러모로 다른 점이 많지만 배우는 사람의 적극적인 의욕이 중요하다는 점에서 같다고 생각한다. 수동적인 자세로 학문의 성과를 기대한다는 것은 올바른 태도가 아니다. 학문의 길에 서 있는 것은 자기 자신이며, 누군가에게 끌려갈 때까지 기다려서는 안 된다.

이에 대해 고민해볼수록 현재의 학교라는 제도가 과연 학문과 예술을 위한 시설이라고 말해도 되는지 확신이 서지 않는다. 현 시스템의 학교에서는 교사가 지나치게 많이 가르쳐주고 있다. 친절하게도 무엇이든 가르쳐준다. 그 때문에 학생들은 스스로 배우려는 의지를 잊어버리고 있다.

만일 학교에서 교사가 학생을 가르치기보다는 학생이 어떻게 해서든 교사의 지식과 지혜를 빼앗으려고 하는 대립과 항쟁의 관계가 성립된다면 학교에서 기대할 수 있는 교육 효과는 지금보다 몇 배는 더 오를 것이라고 감히 예상해본다. 현재 학교에서 실시하는 교육법이 무의미하다고는 생각하지 않지만 학문과 예술처럼 창조적인 활동력을 키워주기에는 뭔가 부족하다는 생각을 지울 수 없기 때문이다.

이 책에서 내가 말하고 싶은 것은 어떻게 읽고, 어떻게 쓰고, 어떻게 생각할 것인가, 라는 점이다. '학습법'과 비슷한 모양새가 될지도 모르겠다. 실제로 이 책의 제목을 결정하는 과정에서 '학습법'이라고 하는 게 어떨까요, 라는 말을 여러 번 듣고 심각하게 검토했을 정도다. 그러나 '학습'이라고 하면 역시나 학교와의 관계를 먼저 떠올리게 된다. '학습법'은 학교에서 좋은 성적을 받기 위한 테크닉이라는 관념이 널리 퍼져 있다. 학교에서 좋은 점수를 얻기 위해서는 상당히 특수한 테크닉이 필요하다. 이 책은 처음부터 그런 목적으로 구상된 것은 아니었으므로 독자들의 오해를 피하려고 '학습법'이라는 단어를 쓰지 않기로 한 것이다.

방법은 가르치지 않는다

학교에서 너무 많이 가르친다고 했다. 이와 모순되는 견해이기도 한데, 의외로 학교는 '가르침을 아까워하는' 곳이기도 하다. 조금 과장한다면 정말 배우고 싶은 것들은 도무지 가르쳐주려고 하지 않는다.

무엇을 지나치게 가르쳐주고, 또 무엇을 가르쳐주지 않는다는 것인가. 간단히 말해 지식은 가르쳐준다. 하지만 지식을 획득하는 방법에 대해서는 가르쳐주지 않는다. 중학교와 고등학교뿐 아니라 학문의 중심이라고 불리는 대학에서도 마찬가지다. '대학은 학문을 가르치는 곳이 아니다. 학문하는 방법을 가르치는 곳이다'라는 말이 있는데, 현실을 보자면 대학에서도 학문의 방법을 가르쳐주기보다는 학문의 성과를 전하는 데 더욱 열심이다.

학문의 방법이라고 하면 방법론을 떠올리기 쉽지만 이 책에서 문제 삼으려는 것은 독자들이 예상하는 고상하고 어려운 이야기와는 다르다. 학문을 지향하는 사람이라면 당연히 유념해야 될, 매우 기초적인 연구 '방법'이다. 연구자가 일상적으로 부딪히는 문제들, 예를 들어 어떤 현상을 관찰하고 기록해야 할 때 수단과 도구는 무엇이 좋은가, 또는 머릿속에 떠오른 발상을 정착시키고 전개해나가기 위한 단계로는 무엇이 있는가, 라는 점이다. 이에 대해서는 학교에 가도 배울 수가 없다.

젊은 연구자들을 지도하다 보니 이런 문제가 자주 눈에 띄었다. 그리고 개인적인 차이로 넘어갈 문제가 아니라는 것도 깨닫게 되었다. 대학을 졸업하고 새롭게 연구원이 된 젊은이들과 연구 목표에 대해서는 즐겁게 토론할 수가 있었지만 연구의 기초라고 할 수 있는 전문 서적에서 필요한 정보를 간추리는 방법, 머릿속에 떠오른 참신한 아이디어를 노트에 적어 다른 사람에게 이해시키는 방법에 대해서는 당황스러울 만큼 무지했다. 한두 명만 그런 것이 아니라 거의 대부분이 그랬다.

나의 과거를 돌아봐도 마찬가지였다. 오랜 기간 학교에

다녔지만 선생님들은 교과서의 내용만 가르쳐주었지 이 과목은 이런 식으로 공부하는 것이 좋다, 라고 가르침 받은 기억이 없다. 의식적이든, 무의식적이든 이에 관해서는 공공연한 비밀이었다. 예를 들어 노트만 해도 다음부터는 이렇게 정리해서 기록해라, 라고 직접 가르쳐준 선생님이 단 한 분도 없었다. 문헌 카드 작성법은 누구에게서도 들어보지 못했다.

어쩌면 다행이었는지도 모르겠다. 가르쳐주지 않았기에 학생들은 자발적으로 자신에게 맞는 학습법을 연구해야만 했고, 선생님이나 선배의 방법을 '훔쳐'서라도 상황을 타개해나가는 기술과 적응력을 몸에 익혔기 때문이다. 선생님의 비밀주의라는 것도 앞서 말한 예능인 스승의 지침과 같다. 역시 교육의 요령을 이미 알고 있기에 그랬는지도 모른다.

기술 부족과 연구 능력

이런 식으로 모든 문제가 해결된다면 더 이상 바랄 것이 없겠다. 안타깝게도 현실은 녹록하지가 못하다. 비밀주의가 만연한 풍토에서 선생님과 선배의 비전秘傳을 완벽하게 훔쳐낼 수 있다는 보장이 없다. 그 결과 학문적인 기초 소양이 부족한 연구자들이 계속해서 출현하게 되는 것이다. 기나긴 학창 시절을 통해 고도의 지식을 섭렵했음에도 불구하고 자신이 연구를 주도해야 되는 상황에 놓이면 머릿속에 가득한 지식들이 외부로 표출되지 않는다. 또 누가 가르쳐주지 않는 이상 새로운 것을 발견하여 나만의 정보로 움켜쥐지도 못한다.

이것은 젊은 사람들에게만 국한되는 이야기가 아니다. 나와 같은 중견 연구자만 하더라도 연구 능력이 굉장히 떨어진다. 머리가 나쁘거나 게을러서가 아니다. 이유는 단하나, 방법이 서툴러서 그렇다. 그래서 더 높은 단계로 발전하지 못하고 항상 핵심의 언저리만 헤매고 있다. 솔직히 말해 기술 부족이다.

주위 연구자들 중 원본을 미리 복사해두는 사람이 한 명도 없다. 여기서 말하는 복사는 복사기를 동원한 기계적인 복사가 아니다. 미국 등 선진국에서는 어느 학자가 논문이나 저서를 인쇄해서 발표할 때 먼저 원본을 작성하기까지의 과정 등을 문서로 정리해 같은 분야의 전문가들에게 보여주는 것이 전통이다. 그 후에 저서로 발표되고, 멀리 우리들에게까지 전해진다. 그런데 우리는 이런 식으로 연구해본 역사가 없다. 오직 인쇄되고 발표된 것만 읽는다. 같은 내용이더라도 그간의 과정 및 시행착오가 세밀하게 기록된 원본을 읽는 것과 깨끗하게 포장된 책 한 권을 읽는 것에는 분명한 차이가 있다. 별 것 아닌 것처럼 보여도 이런 차이 때문에 연구 능력에서 차이가 발생한다고 느낀다.

다음으로는 이런 경우도 있다. 연구에는 자료가 필요하다. 연구자는 여러 가지 자료(대부분은 종이 쪽지와 비슷하지만)를 정리하고 필요한 것만 간추린다. 그런데 이를 뒷받침해주는 기술이 정립되어 있지 않다. 많은 연구자들이 이런 문제에 부딪쳐 수시로 갈등하고 방황한다. 연구실은 자료 정리 및 선택이라는 기초 단계에서부터 분위기가 엉망이 되어버리는 것이다.

이로 인해 대다수 연구실들이 흔히 '자르기'라고 부르는 방식을 선택하고 있다. 즉 학문적인 관심을 되도록 좁은 범위로 축소시킨 후 여기에 관계되지 않는 사항들은 모조리 잘라버린다. 이렇게 해서 전공 분야가 축소되면 연구

에 필요한 자료의 규모도 적어진다. 그 외의 남는 자료들
은 쓰레기통에 집어넣으면 된다.

확실히 이 방법에는 성과가 따른다. 자료 정리에 필요
한 시간이 줄어들어 연구에 더 많은 시간을 투입할 수 있
다. 또 연구원들의 혼란도 방지한다. 대신 한 가지밖에 모
르는 바보가 된다. 동일 분야라도 시야가 극도로 좁아진
다. 학문적인 생산량이 부족해진다는 뜻이다. 많은 연구
자들이 자기도 모르게 빠져버리는 늪이다. 이런 늪에서
벗어나고 싶다면 연구자의 능력을 키우기에 앞서 정리 기
술을 익히는 것이 순서다.

기술 혐오

정리하는 기술을 익혀두기만 해도 연구 성과가 높아진
다. 문제는 당사자인 연구자들이 이런 기술을 무시하고
있다. 시중에서도 마찬가지다. 전문 영역의 특수 기술에
대한 책은 서점에서 얼마든지 찾아볼 수 있다. 하지만 가
장 일반적인, 다시 말해 연구자가 아닌 현대인이라면 모두
가 알고 있어야 할 지적 생활의 기초 기술에 대해서는 다

들 관심이 없다. 이를 주제로 삼은 책도 없다.

어째서 이런 주제가 논의되지 않았던 걸까. 내 생각에는 일상적이고 당연한 것이었기 때문이다. 예를 들어 원본 복사라든가, 자료 정리 등은 '기술'이라는 표현이 무색할 정도로 연구와 학습의 기본 바탕이라고 생각하는 사람들이 많다.

또 다른 이유는 연구자들이 기술이라는 단어를 싫어한다는 것이다. 싫어하는 정도가 아니라 경시하고 있다. 유독 일본에서만 그런 것인지도 모르겠으나 적어도 내가 알고 있는 고급 지식인들은 기술이라는 단어에 반감을 가지고 있었다. 기술이라고 하면 어쩐지 인간성과 반대되는 개념으로 생각된다는 것이다. 더 심한 경우 사물의 본질에서 유리되었다는 오해마저 하고 있다. 그 때문인지 우리가 사용하는 '기술적'이라는 표현에는 '지엽말절枝葉末節(중요하지 않은 사항-편집자 주)', '표면적', '비본질적'이라는 의미가 함께 내포되는 경우가 많다.

이과계 연구자와 문과계 연구자의 차이도 빼놓을 수 없다. 기술 혐오는 역시나 문과 계통에서 쉽게 찾아볼 수 있다. 문과계 연구자들 중에는 정리 자체를 거부하는 사람이 많다.

기술을 싫어해도 결과적으로는 자기만의 연구 스타일이 있고, 그 스타일에는 기술이라고 불러도 무방한 개성적인 패턴이 숨어 있다. 정리도 기술이며, 어떤 분야에서든 이런 기술이 뒷받침되어야만 뛰어난 성과를 기대할 수 있다, 라는 주장에 반감을 나타내는 사람들도 자기만의 학습 기술을 가지고 있는 경우가 많다. 단지 그것을 기술이라고 생각하지 않을 뿐이다.

기술이라고 하면 원칙적으로는 몰개성이다. 모든 사람이 순서에 따라 차근차근 연습하면 반드시 일정 수준에 도달할 수 있어야 한다. 기술은 객관적이고 보편적인 동시에 공개적이어야 한다. 그에 비해 연구와 학습이라는 인간의 정신 활동은 개성적이고 개인적이다. 보편성이 없고 그 과정도 공개가 불가능하다. 연구와 학습은 개인의 정신이 비밀 장소에서 홀로 시행하고 있기 때문에 타인에게 보여서는 안 된다….

그러나 개인적인 연구와 학습이라고 해도 핵심이라고 할 수 있는 주제와 목적이 개성적일 뿐이지 주제와 목적을 향해 나아가는 의식儀式은 비슷비슷한 면이 많다. 인간의 지적 활동은 그 목표와 바람이 제각각이지만 실패의 원인을 살펴보면 대부분 비슷한 양상을 보여주고 있다. 그럴 바에야 더 이상 주저하지 말고 공개석상에서 서로 정보를 교환한다면 똑같은 실수를 되풀이하는 소모적인 현상이 중단될 것이다. 내가 이 책을 쓰게 된 이유 중 하나다.

지적 생산이란?

앞에서는 학문과 연구를 중심으로 설명했다. 하지만 이런 이야기는 연구자에게만 국한되지 않는다. 다소간이라도 지적 생산 활동에 종사하고 있는 모든 이들에게 연관이 깊다.

그렇다면 '지적 생산'이란 무엇을 뜻하는가. 이 책의 제목에 '지적 생산'이라는 표현이 등장하고, 또 많은 사람들이 '지적 생산'이라는 표현을 사용하고 있다. 물론 낯설다고 느끼는 사람도 있을 것이다. 내 자랑은 아니지만 '지적 생산'이라는 단어는 내가 제일 처음 사용했다. 그러므로 '지적 생산'의 의미와 내용에 대해 간략히 설명하고 넘어가야 될 듯싶다.

지적 생산이란 인간의 지적 활동이 어떤 새로운 정보를 생산했을 때의 상황이다. 여기서 정보는 종류를 가리지 않는다. 지혜, 사상, 생각, 보도, 서술, 그 밖에 다른 것이 떠오른다면 그것으로 해석해도 좋다. 간단히 말해 지적 생산이란 뇌가 움직여서 뭔가 새로운 것(정보)을 타인에게 알려주는 형태라고 생각하면 정확할 것이다. 지적 생산이라는 개념은 지적 활동에 의하지 않은 생산과 대립하고, 지적 소비라는 개념과도 대립한다.

인간의 생산 활동에는 여러 가지 종류가 있다. 육체노동으로 물질과 에너지를 생산하기도 한다. 만약 지적 활동에 의해서도 무엇인가가 생산된다면 그것은 단연 정보일 확률이 높다. 그 정보가 물질과 에너지 생산에 도움을 주는지 여부와 상관없이 어쨌든 1차적인 지적 활동의 결과로서 새로운 정보가 생산되었다고 한다면 이는 지적 생산의 범주에 포함된다.

그런데 정보라는 것이 언제나 지적 활동에 의해서만 생산되지는 않는다. 정보에도 종류가 다양하다. 개중에는 지적 생산이라고 부를 수 없는 정보도 많다. 피아노와 바이올린 연주, 무용, 요리 등은 정보를 바탕으로 전해지지만 지적 정보 생산과는 구별하는 것이 좋다. 왜냐하면 감각적이고 육체적인 정보 생산이기 때문이다.

다음으로 지적 생산에 대립하는 지적 소비에 대해 알아보자. 인간의 지적 활동은 매우 다양하다. 지적 활동이 이루어졌다고 해서 무조건 정보가 생산되지는 않는다. 지적 활동 중에는 소비적인 생산도 많다. 마작이라든가, 바둑은 지적 소비에 해당한다. 마작과 바둑은 고도의 지적 활동을 필요로 하지만 그것으로 끝이다. 마작과 바둑을 통해 새로운 정보가 생산되지는 않는다. 비슷한 이유에서 취미로서의 독서 또한 지적 소비에 해당한다. 마작, 바둑과 동일한 성질의 지적 활동이다. 독서에 대해서는 나중에 다시 이야기하겠지만 여기서 말하는 독서론은 독서의 '즐거움'에 대한 언급이다. 그리고 독서의 즐거움은 결과적으로 지적 소비에 해당한다고 하겠다.

한마디 부언하고 싶은 것이 있는데 마작, 바둑, 독서를 비난할 의도는 없다. 다만 생산과 소비라는 개념으로 나눠봤을 때 소비에 해당한다는 것이다. 그리고 소비는 절대로 죄악이 아니다.

정보산업시대

지적 생산이란 지적인 정보를 생산하는 것이다. 기존의, 또는 신규 정보를 바탕으로 인간의 정보 처리 능력을 적용시켜 새로운 정보를 만들어내는 작업이다. 일정한 지식을 바탕으로 이루어지는 루틴워크와는 다르다. 지적 생산에는 창조라는 요소가 반드시 따라붙는다. 지적 생산은 생각을 통한 생산이다.

이런 종류의 생산 활동에 종사하는 사람들이 지속적으로 늘어나고 있다. 현 시점에서는 거의 포화 상태라고 여겨질 정도다. 전문적인 학술 연구자를 비롯해 보도 관계, 출판, 교육, 설계, 경영, 일반 사무 영역에 이르기까지 개인적인 생각을 통해 뭔가를 생산하는 사람들이 점차 늘어나고 있다. 정보의 생산, 처리, 변환 등의 업무를 통틀어서 정보산업이라고 부르는데, 정보산업이야말로 공업시대의 끝자락에 서 있는 현대사회에서 미래의 주요 산업이 될 것임에 틀림없다. 그리고 정보산업시대의 핵심적인 생산 활동은 단연코 지적 생산이 차지하게 될 것이다.

지금까지 인간의 지적 활동은 지나치게 호사스러웠다. '노래를 만들 시간이 있으면 논부터 만들어라'는 속담이 있었듯이 과거에는 지적 활동보다 육체적인 활동으로 물질과 에너지를 생산하는 기술이 훨씬 중요했다. 과거에는 지적 활동이 '노래 만들기'처럼 일종의 소비처럼 비춰졌다. 독서는 교양이었고, 신분이 높은 양반들의 오락거리에 불과했다.

물론 현대에 와서는 사정이 달라졌다. 지적 활동에는 개인적인 취향이나 즐거움보다는 생산이라는 의미가 더 크게 다가오고 있다. 지적 생산이라는 표현이 아직은 귀에 익숙하지 않겠지만 결국 이것이 시대의 움직임이라는 것을 받아들여야 한다. 인간의 지적 활동은 더 이상 교양이 아니라 적극적인 사회참여 방식이라는 것을 인식하고 실행에 옮겨야, 비로소 이 '지적 생산의 기술'이라는 개념이 의미를 띠게 될 것이다.

생활의 기술로서

지적 생산은 지식정보사회의 일원으로 살아가는 현대인에게 눈앞의 중요한 과제가 되었다. 연구자, 학생, 문필업자, 또는 넓게 정보산업 종사자라고 봐도 되는데, 그 범위를 더욱 확대시켜서, 현대사회에 소속된 모든 이들이 생각하고, 새로운 정보를 창출하고, 그렇게 만들어진 정보를 바탕으로 이전보다 향상된 생활을 가꿔나가는 지적 생산 활동에 동참해야 한다. 우리 사회가 그것을 요구하고 있다.

그야말로 정보대량화시대다. 사회는 모든 구성원들이 새로운 정보를 생산해주기를 기대하고 있다. 또 이를 전제로 미래를 계획하고 있다. 사람들은 자기에게 필요한 정보를 정리하고, 정보를 통해 생각하고, 결론을 내리고, 타인에게 전달하고, 행동한다. 정도의 차이는 있겠지만 모두가 이렇게 하지 않으면 안 된다. 가정주부만 해도 일상생활에서 무수히 많은 지적 생산을 반복하고 있다. 통장 관리와 자녀 교육은 가정주부의 지적 생산을 기반으로 진행된다.

지적 생산이 필요불가결한 시대에 지적 생산의 '기술'은 그만큼 값어치가 있다. 처음에는 전문 연구자들을 대상으로 이야기를 시작했지만 기술이 필요한 곳은 연구만이 아니다. 일반 시민의 삶에도 '지적 생산의 기술'이 점차 중요시되고 있다.

내게 필요한 자료를 찾는다, 책을 읽는다, 정리한다, 파일을 만든다, 생각한다, 발상을 정착시킨다, 목전의 문제에 대한 해결책으로 발전시킨다, 기록한다, 보고서를 작성한다…. 이들 지적 작업은 옛날에는 극히 소수의 학자나 문필업자들이 하는 일이었다. 그러나 지금은 모두가 이런 과정을 겪고 있다. 이런 과정이 필요한 기회들이 넘쳐나고 있다. 생활의 기술로서 지적 생산의 기술을 생각하지 않으면 안 되는 이유가 바로 여기에 있다.

앞서 가정주부를 예로 들었는데 예전에는 집에서 문자를 다룰 일이 거의 없었다. 그러나 지금은 가정마다 서류가 범람한다. 서류 정리의 기초 기술을 익혀두지 못한 주부는 집안 살림을 꾸리기가 쉽지 않을 것이다.

앞으로 소개할 지적 생산의 기술 중 몇 가지 실례는 가정에서도 얼마든지 활용할 수 있는 것들이다. 개인적인 바람으로는 가정에서의 지적 생산 기술론을 발전시켜 가정학家政學의 한 분야로 확립시켜보고 싶다. 정보산업시대에서 가정이라고 테두리 밖에 서 있을 수는 없다. 가정에서의 지적 생산 기술에 대해서는 몇 가지 생각하는 바가 있지만 다른 기회도 있을 테니 여기서는 문제를 지적하는 것으로 그치기로 한다.

현대인의 실천적 소양

지적 생산에 종사하는 사람들의 사회적인 신분이 변함과 동시에 지적 생산에 필요한 기술의 본질도 시대와 더불어 크게 달라지고 있다. 쉽게 말해 지식인으로서 익혀야 할 실천적 소양이 달라지고 있다는 뜻이다.

과거에는 한문을 자유롭게 읽는 것이 지식의 근본이었다. 한문을 읽지 못하면 지식인이 아니었다. 현대사회에서 한문은 더 이상 지적 능력과는 상관이 없다. 또 옛날에는 서예가 지적 활동의 핵심이었으나, 지금은 취미로 하는 기술에 불과하다.

그렇다면 오늘날 지식인으로서 최소한 갖춰둬야 할 기능은 무엇일까. 그런 점을 생각해보는 것도 이 책의 목적 중 하나다. 분야에 상관없이 오늘날 지적 생산에 동참하고 있는 사람들은 어느 정도의 실천적 소양을 갖춰야 하는가. 앞서 설명한 바와 같이 지적 생산의 기술은 일부 지식인의 소유가 아니다. 오늘날에는 우리 모두에게 필요한 기술이다. 지식인이라는 범위를 뛰어넘어 현대를 살아가는 모든 이들이 알고 있어야 할 실천적 소양 문제라고 생각한다.

되풀이 말하지만 현대사회는 정보화시대다. 사회적으로도 범람하는 정보의 홍수에 어떻게 대처할 것인지 다각도로 대책을 연구하고 있다. 따라서 사회의 구성원인 개인 역시 자신에게 필요한 소양이 무엇인지, 시대가 나에게 무엇을 요구하는지 검토해봐야 한다.

읽고, 쓰고, 계산하는 능력은 근대 시민으로서 당연한 일이었다. 지금은 이런 능력만으로는 부족하다. 글자만 읽을 줄 안다고 전화번호부를 제대로 활용하게 되는 것은 아니다. 백과사전이 눈앞에 있고, 도서관에 앉아 있다고 해도 이를 활용할 줄 모르면 소용이 없다. 단순히 글자를 안다고 해서 백과사전과 도서관을 활용하게 되는 것은 아니다. 정보의 정리, 검토, 출력output이라는 조건이 구비되어야 하는데, 이 조건에는 상당한 훈련이 필요하다. 현대 사회에서는 정보의 검색, 처리, 생산, 전개에 대한 기술이 기초적 소양이다.

컴퓨터의 프로그램 작성 등이 개인의 가장 기초적인 능력이 되었다. 미국에서는 초등학교 때부터 컴퓨터용 언어인 FORTRAN을 가르치고 있다. 현재는 사회의 중심이 인간이지만 머잖아 인간과 기계의 공존이 사회의 핵심이 되는 날이 올 것이다. 소위 말하는 맨 머신 시스템Man Machine System을 향해 나아가고 있는 셈이다.

물질적 조건의 변화

한편 지적 생산을 둘러싼 물질적 조건의 변화가 현대인에게 필요한 소양을 크게 바꿔버렸다. 이런 변화를 간과해서는 안 된다. 일찍이 종이의 대량 생산과 인쇄술 보급을 통해 동일한 조건이 만들어졌고, 읽고 쓰는 능력이 근대 시민의 소양으로 각광받기에 이르렀다. 지금의 정보산업사회는 급속하게 발전하고 있다. 발전하는 정보산업시대에 적합한 새로운 지적 생산 능력이 전개되는 것은 필연적인 결과다.

컴퓨터가 각 가정에 보급되면서, 이를 조작하는 것은 인간으로서 최소한의 소양이 되었다. 이것이 시대적 변화다. 오늘날에는 대량의 정보기계가 전문가의 손을 떠나 일반 시민의 손으로 옮겨가고 있다. 그 조작법을 익히는 것은 현대를 살아가는 인간에겐 당연히 갖춰야 할 소양이다. 카메라만 해도 한 집에 몇 대씩 가지고 있다. 사진이 전문가의 기능이라는 가치는 예전에 사라졌다. 옛날에는 기계라고 하면 무조건 겁내는 사람이 많았다. 물론 나이 든 사람들은 요즘에도 기계를 무서워한다. 그러나 오늘날은 정보기계를 다루는 능력이 일반 사람들에게도 필수다.

전문가들의 전유물이었던 정보기계가 일반인에게 보급되리라고 예상한 사람은 많지 않았다. 이처럼 우리 삶의 변화는 곳곳에서 진행 중이다. 종이, 노트, 펜 등이 거의 무제한으로 공급되고 있는 학생 문화를 생각해보자. 옛날과는 비교도 할 수 없는 풍요로움이며, 완전히 다른 환경이다. 예전에는 만년필이 '귀중품'에 속했지만 지금은 점차 자취를 감춰가고 있다. 목제 사무용 가구에서 철제 사무용 가구로 전환되면서 지적 생산의 기술도 새로운 조건을 접하게 되었다. 예전에는 대학생들이나 사용했던 파일 케이스를 지금은 초등학생들도 당연하게 사용하고 있다. 보급을 통해 지적 생산의 과정이 한결 쉬워진 것은 사실이다.

그러나 기계, 도구, 재료 등의 개발과 공급으로 모든 것이 만족스러워진 것은 아니다. 아직도 과거의 타성이 남아 있다. 지적 생산에 대한 편견이 아직도 사라지지 않고 남아 있다. 지적 생산은 특별한 사람들의 전유물이라는 고정관념이 남아 있는 한, 사회의 외형적 발달은 아무런 쓸모가 없게 된다.

무엇보다 도구의 발달이 정신의 발달로 이어지지는 않는다. 정보를 생산하고, 소비하고, 발달시키는 것은 물질이 아닌 정신이다. 따라서 물질적 발전은 조건이 될 수는 있어도 그 자체로 지적 생산의 확대가 되지는 않는다. 지적 생산에는 기술이 필요하고, 그 기술을 습득하는 주체는 결국 우리들 자신이다. 그것이 '지적 생산의 기술'이라는 책을 쓰게 된 가장 큰 이유이다.

개인의 지적 무장

정보시대의 도래를 오래전부터 예견했기 때문인지는 몰라도 사회는 엄청난 속도로 '사무 혁명'을 이룩해냈다. 기업과 관청마다 편리한 사무기기가 도입되었고, 일의 능률은 엄청나게 높아졌다. 그리고 혁명은 지금도 상당한 속도로 진행 중이다. 컴퓨터와 인터넷 없이는 기업의 운영 자체가 불가능한 시대가 되었다.

고무적이기는 하지만 기업에 근무하는 개인 입장에서는 불안한 점도 많다. 회사는 새로운 사무기기와 시스템을 지속적으로 도입하고 있는데, 정작 사무실에 앉아 있는 사람들은 사무 혁명을 따라가지 못하고 있다. 서류를 정리해두라는 캐비넷과 서랍에는 여전히 겉옷과 운동화가 들어 있다. 외부 혁명이 개인의 의식까지 변화시키지는 못한 것이다. 조직은 움직이고 개인은 서 있는 현상이 아쉬울 수밖에 없다.

　기업과 관청 등의 사무적인 문제에 대해서는 이미 많은 책들이 출간되었다. 여기서는 그런 문제까지 파고들 생각은 없다. 오직 개인의 지적 생활만을 추구할 것이다. 조직과 개인은 자연히 목표도 다르고, 문제의식도 다르다. 조직의 목표에 개인이 부응하는 것은 옛 시대의 관념이다. 지금은 정보화시대다. 정보화시대에도 조직이 강요하는 합리주의 노선을 따라가기만 한다면 문명의 발달은 공염불이 될 뿐이다. 기업과 학교, 단체와 같은 조직 없이는 개인의 지적 생산도 없다는 주장은 어리석은 논리이다. 새로운 시대가 도래했다. 개인의 지적 무장이 집단을 이끄는 시대가 되었다.

그런 의미에서 이 책은 기업에겐 그다지 도움이 되지는 않을 것이다. 이 책은 처음부터 개인을 대상으로 구상되었다. 첫머리에 연구와 학습 방법을 이야기하면서 지적 작업의 개인적 '성역성聖域性'을 언급했었다. 지적 생산이라는 기술은 공개하겠지만 지적 작업의 성역성, 또는 밀실성이라는 원칙도 유지해나갈 생각이다. 지적 생산은 어디까지나 개인이 스스로 진행시켜나가야 하기 때문이다.

그렇다고 조직이라는 개념을 떨쳐버릴 수 없는 것도 사실이다. 공동 연구처럼 복수의 개인이 협력을 통해서 지적 생산을 이루는 경우도 있기 때문이다. 이에 대해서는 또 다른 문제들이 있다. 이를테면 팀의 구성, 토론 방법, 회의 방식, 서로 도움을 주고받는 방식, 연구실 경영 등도 주요한 문제다. 기회가 되면 이런 부분도 생각해보고자 한다.

이 책의 목표

이 책을 통해 내가 추구하는 목표는 보편화된 지적 생산 기술을 독자들에게 알려주는 것이다. 그렇다고 지적 생산의 기술을 체계적으로 해설할 의도는 없다. 이것은 하나의 제언이며, 문제 제기에 지나지 않는다. 이 책을 읽은 독자들이 마음속에서 문제를 느끼고, 각자 개성적이고도 보편적인 지적 생산의 기술을 개발해나가기 위한 하나의 계기로 작용할 수만 있다면 그것으로 나는 만족한다. 나아가 이런 문제를 공개적으로 논의하는 습관이 형성될 수 있다면 나로서는 더없는 기쁨이라고 하겠다.

다음 장으로 넘어가면 곧 알게 되겠지만 이 책은 how to를 이야기하지 않는다. 이 책 한 권으로 지적 생산의 기술을 마스터할 수 있다고 생각해서는 곤란하다. 연구 방법이라든가, 학습 요령이 가득할 것이라고 기대해도 곤란하다. 그런 것은 스스로 생각해야 한다. 이 책의 역할은 논란을 제공하고 독자들의 정신을 자극하는 것까지다.

다른 분야와 마찬가지로 지적 생산의 기술에는 왕도가 없다고 생각한다. 이것만 알아두면 된다는 안이함은 없다. 합리성에 대해서는 생각해봐야겠지만 지적 활동처럼 인간 존재의 밑바탕과 연결된 경우에는 무엇이 합리적이고, 무엇이 비합리적인가를 따지는 일이 무의미하다. 기계나 사무 조직이라면 목적합리성을 따져볼 수 있겠으나

인간의 삶은 저마다의 가치가 다르므로 그 사용처와 목적
에서 합리성을 따져보는 것도 무의미하다.

지적 생산의 기술에서 가장 중요한 점은 무엇인가. 그
것은 생각하려는 자세다. 그 다음으로 생각을 직접 실천
해보려는 용기다. 끊임없는 자기 변혁과 자기 훈련만이
스스로를 지적인 인간으로 만들어준다.

제1장
발견의 수첩

다빈치의 수첩

이 책을 구상하면서 서재를 뒤져봤는데 잃어버린 모양인지 결국 찾지 못했다. 메레시콥스키가 쓴 『신들의 부활』이라는 책이다.

내가 이 책을 읽은 것은 고등학생 때이다. 이미 수십 년 전이다. 지금도 이 책의 신판이 나오는지 궁금해 '이와나미문고'의 목록을 살펴보았지만 절판되었는지 보이지 않았다.

이 책은 레오나르도 다빈치를 주인공으로 한 장편소설이다. 감동적으로 읽은 것을 지금도 기억하고 있는데 꽤 오래전 일이라서 구체적인 내용은 대부분 잊어버렸다.

그중에 지금도 선명하게 기억나는 것이 있다. 다빈치의 수첩에 관한 에피소드다. 좀 더 정확히 말하면 그 수첩 에피소드가 계기가 되어 이렇게 오래전에 읽은 책인데도 여전히 기억하고 있다. 작자인 메레시콥스키가 어디까지 역사적 사실에 입각해 이 소설을 쓴 것인지는 모른다. 그러나 이 책을 읽고 난 후 레오나르도 다빈치로부터 '수첩'을 하나 받게 되었다.

『신들의 부활』에 나오는 다빈치는 잘 알려진 대로 못하는 것이 없는 천재다. 그러나 이 천재에겐 기묘한 '버릇'이 있었다. 주머니에 수첩을 넣고 다니면서 무엇이든 적었다. 시내를 돌아다니다가 만난 사람의 얼굴 특징을 기록하고, 제자가 봐온 장바구니를 들춰보며 일일이 물건 값을 기록한다. 별다른 도움이 될 것 같지 않은 내용까지 모조리 수첩에 적었다.

고등학생이었던 나는 이 위대한 천재의 모습이 이해되지 않았다. 하지만 그의 정신이 보여주는 위대함과 수첩을 가지고 다니면서 무엇이든 기록하는 버릇 사이에는 모종의 관계가 있을 것이라고 의심하게 되었다. 그래서 다빈치의 위대한 정신에 접근하고 싶다는 욕심으로 다빈치처럼 수첩을 가지고 다니게 되었다.

이렇게 해서 수첩에 기록하는 습관을 얻게 되었고, 그 습관은 수십 년이 지난 현재까지도 계속되고 있다.

젊은 '천재'들

『신들의 부활』에 감동한 사람은 나뿐만이 아니었다. 그 시절 친한 친구 몇 명이 그룹을 하나 만들었는데 다들 이 책을 읽고 나름대로 느낀 점이 많았던 모양이다. 어린 고등학생들은 다빈치의 위대한 정신에 완전히 매혹되어 제각기 그 위대함에 한 발씩 다가서고 싶어 했다.

하지만 접근법은 사람마다 차이가 있었다. 지금은 도쿄東京공과대학에서 교수로 지내고 있는 가와키다 지로川喜田二郎 등이 그룹 멤버였는데 그는 원래부터 왼손잡이였다. 다빈치가 왼손잡이였다는 사실이 그에겐 커다란 자극이 되었다. 자기처럼 왼손잡이였던 다빈치에게 용기를 얻었는지도 모르겠다. 그 친구는 『신들의 부활』을 읽고부터 왼손으로 그림을 그리기 시작했다. 희한하게도 오른손으로 그릴 때보다 실력이 부쩍 좋아졌다.

위대한 인격과 마주한 청년들은 동일성에 대한 욕망을 느끼고 이를 시도에 옮긴다. 전에 들은 이야기이다. 어느 학자는 젊은 시절 이런 생각을 했다고 한다. 자고로 천재 중에는 자라목이 많다. 그런데 나는 자라목이다. 따라서 나도 천재일 것이다….

가와키다는 다빈치와 똑같은 왼손잡이라는 공통점에서 천재가 되려 했고, 나는 다빈치처럼 수첩을 가지고 다니면서 무엇이든 기록함으로써 천재가 되려고 했다. 나와 함께 몇 명의 친구들이 같은 길을 택했다. 젊은 '천재들'은 주머니에서 연신 커다란 수첩을 꺼내 무엇인가를 적곤 했다.

주머니에 수첩을 넣고 다니면서 그때그때 필요한 사항을 기록하는 것 정도는 대부분의 사람들이 하고 있다. 지인의 전화번호를 적어두거나, 회의 시간과 장소를 적는다. 이런 메모 없이는 바쁜 현대 생활을 무리 없이 꾸려나가는 것이 어렵다. 그래서 시중에는 다양한 수첩들이 팔리고 있다.

그러나 레오나르도 다빈치가 가르쳐준 '수첩'은 이런 성격과는 거리가 멀었다.

다빈치가 실제로 어떻게 생긴 수첩에 무엇을 적었는지는 모른다. 우리는 다빈치의 수첩을 보지도 못한 상황에서 그가 보여준 정신의 위대함에 매료되었다. 모든 현상에 대한 끊임없는 호기심과 지식욕, 포용력, 그런 것에 동경을 품었던 것이라고 생각한다. 그런 동경을 발판으로 우리는 나름대로 수첩에 적는 내용과 형식을 발전시켜나갔다. 우리의 수첩은 단순한 실용 메모가 아니었고 일상 생활에 대한 기록도 아니었다.

발견의 수첩

우리가 '수첩'에 적은 내용은 발견이었다. 매일의 경험 속에서 이건 꽤 재미있다는 생각이 들면 주저하지 않고 수첩에 적었다. 또는 번뜩이며 떠오른 생각을 기록했다. 잊어버리지 않으려고 간단한 단어나 숙어로 써두는 것이 아니라 제대로 된 문장으로 적었다. 어떤 의미에서는 그 자체로 소규모 논문(최소한 논문의 초고) 정도는 되었다고 생각한다. 적어도 논리적인 체계는 갖추고 있었다. 그런 조그마한 논문을 매일 여러 가지 현상을 관찰한 후 적었던 것이다. 이런 것들이 모여 일상에서의 지적 활동에 대한 기록이 되었다.

친구들도 약간의 차이는 있었지만 거의 비슷했던 것 같다. 아직도 그때의 수첩이 몇 권 남아 있는데 지금 보면 정말 잡다한 내용들이 적혀 있다. 아직 고등학생이었으므로 학교에서 공부한 내용이나, 책을 읽고 느낀 점들이 기록되어 있을 것으로 예상하기 쉽지만 실제로는 그런 내용이 없었다. 예를 들어 길을 가다가 개에게 물렸을 때 생긴 상처의 이빨 모양이라든가, 그날 먹은 음식의 종류와 맛, 마늘의 학명에 대한 고찰, 배가 아픈 아이의 찜질법 등 잡동사

니 같은 경험과 지식이 잔뜩 적혀 있다. 지금 생각해도 내가 왜 이런 것들에 흥미를 보였는지 이해가 안 되는 부분이 많다. 하지만 수첩에 적은 것을 보면 당시에는 내가 이런 것들을 새로운 사실로서 '발견'했다는 기쁨이 있었을 것이다. 그래서 나는 이 수첩을 '발견의 수첩'이라고 부르게 되었다.

문장으로 쓴다

종이나 연필에 의지하지 않고 마음속으로 혼자 상상하는 것처럼 즐거운 경험은 없다. 걷잡을 수 없는 공상에 빠지면 시간 가는 줄을 모른다. 노트 여백에 펜으로 논리적인 글을 쓰는 것보다 마음속으로 상상하는 편이 훨씬 즐겁고, 직관력도 높기 때문에 생각의 맥락이 보다 쉽게 이해된다.

학창 시절에 나는 수학을 못해서 고민이 컸었다. 하루는 교과서와 노트를 팽개치고 방바닥에 누워 마음속으로 어렵다고 생각한 문제들을 풀어봤는데 의외로 쉽게 공식이 떠올랐다. 그 뒤로는 수학 점수를 좀 더 잘 받았다. 수학을 계산 기술이 아닌 일종의 사상思想으로 파악하면서 내 취향에 맞게 변용시켰기 때문이라고 생각한다. 오오야 소이치大宅壯一(일본의 저널리스트이자 평론가 및 작가·편집자 주) 씨는 중학 시절에 학교까지 걸어가면서 머릿속을 원고지 칸으로 나눠 그때그때 떠오르는 생각들을 써봤다고 하는데 이 또한 머릿속으로 문장을 만든 것이나 다름없다. 나의 경우와 마찬가지로 사상적 암산이었던 셈이다.

그런데 '발견의 수첩'은 이와는 반대되는 원리를 따른다. 무엇이든 철저하게 문장으로 만들어서 기록해야 한다. 사소한 발견, 약간의 번뜩임도 놓치지 않고 문장으로 기록해야 되는 것이다.

이런 방식에는 그만큼의 노력이 필요하다. 마음속으로 숫자나 문장을 다룰 때처럼 즐겁지는 않다. 그 대신 평소에는 쉽게 지나쳤던 문제들에 주의를 기울이게 된다. '발견의 수첩'을 가지고 다니면서 꾸준히 기록하는 것은 그 자체로 정확한 관찰력과 정교한 사고력을 단련하는 데 매우 좋은 훈련법이라고 생각한다.

효과적인 소재 축적법

수학에서는 암산도 필산도 제각기 특색이 있다. 이와 마찬가지로 아이디어를 개발하는 데에도 마음으로 하는 것과 글자로 직접 써보는 것에는 다른 특징이 나타난다. 그 사람의 성질과 버릇에 따라 다르게 느껴지겠지만 논리를 구성하는 것만 해도 문장으로 쓰지 않고 머리로 생각하는 편이 더 잘 되는 경우가 많다. 그러나 아이디어의 재료를 축적할 경우에는 상황이 다르다. 새로운 아이디어의 소재인 사실과 명제는 기억 속에서 불러와야 한다. 하지만 인간의 기억력은 100% 신뢰할 수가 없다. 그 때문에 소재를 발견했을 때는 '발견의 수첩'에 기록해두는 것이 나중에 큰 도움을 준다.

기억을 믿지 못한다는 것도 '발견의 수첩'을 사용하면서 알게 된 하나의 '발견'이었다. 나를 예로 들자면 새로운 일을 경험하거나 생각해냈을 때 금방 잊어버린다. 그 증거로 '발견의 수첩'을 다시 읽어보면 완전히 같은 내용이 반복해서 나타나곤 한다. 전에 한 번 '발견'했던 것을 잊고 있다가 다시 똑같은 내용을 '발견'하게 된 셈이다.

손해라고 생각할 수도 있으나 어쨌든 기록을 통해 무의

미한 중복 발견을 체크한 것이므로 그다지 손해라고 생각하지는 않는다. 오히려 '발견의 수첩'이 없었다면 나는 매일처럼 엄청난 대발견을 했다며 혼자 흐뭇해했을지도 모른다. 만약 그랬다면 나의 지적 활동은 몇 년째 아무런 발전도 없이 제자리걸음만 되풀이하고 있었을 것이다. 기록해두기만 하면 예전에 발견했던 소재를 통해 또 다른 소재를 찾게 되고, 이것이 디딤돌이 되어 점차 거대한 건축물로 쌓아올려지게 된다. 역설적인 이야기처럼 들릴지도 모르지만 '발견의 수첩'을 통하여 같은 내용을 자주 '발견'하고 있다는 실패를 경험한 덕분에 오히려 '발견의 수첩'이 얼마나 큰 도움을 주는지 깨닫게 되었다. 새로운 아이디어를 구축하기 위해서는 '발견의 수첩'이 필요하다. 이 수첩은 소재가 축적된 보물창고이기 때문이다.

발견을 파악한다

새로운 '발견'이란 대부분 갑자기 나타난다. 매일 봐서 익숙해진 평범한 사물임에도 문득 새로운 의미를 가지고 우리 앞에 나타난다. 우주라는 거대한 천체에서 단 1초도

쉬지 않고 빛의 입자들이 지구로 쏟아지고 있다. 그 와중에 보이지 않는 빛의 입자 하나가 나의 뇌를 관통하는 경우가 있다. 그때 새로운 '발견'이 탄생한다…. 가끔 나 혼자 이런 상상을 할 때가 있다.

우주는 인간의 눈에 보이지 않는다. 그 우주에서 내려온 빛의 입자들을 관측하고 기록하기 위해서는 마치 내 앞에 그 입자들이 떠도는 것처럼 어떤 형태로 변환시켜주는 장치가 필요하다. 그것이 '윌슨의 안개상자(1911년 영국의 물리학자인 윌슨이 고안한 장치로, 포화증기 상태에 알파 입자, 베타 입자, 감마선, X선과 같은 방사선이나 대전 입자가 지나가면 그 궤적을 눈으로 볼 수 있게 한 것-역자 주)'로 불리는 장치다.

빛의 입자들은 우주에서 지구로 쏟아지고 있다. 그리고 사람들의 대뇌를 관통하고 있다. 따라서 '발견'은 누구나 겪을 수 있는 일이다. 워낙 작은 입자이기에 순식간에 사라진다. 그대로 사라지라고 내버려둘 것인가, 아니면 그 입자들을 대뇌에 붙잡아두고 나만의 생각으로 키워나갈 것인가. 이 결정적 차이는 '윌슨의 안개상자'와 같은 장치를 가지고 있느냐에 달려 있다. '발견의 수첩'은 '윌슨의 안개상자'에 해당한다.

'발견'에는 일종의 특별한 감각이 뒤따른다. 지금까지 열려 있던 전기회로가 갑자기 닫히면서 순식간에 전류가 통했다는 것과 비슷한 감각이다. 그런 감각이 느껴졌을 때는 길을 걷는 중이더라도 즉시 '발견의 수첩'을 꺼내 그 자리에서 나만의 '발견'을 기록해둔다.

'발견'했다면 되도록 그 자리에서 문장으로 적는 것이 가장 좋다. 그럴 여유가 없을 때는 문장의 '표제'만이라도 기록해둔다. 나중에 시간적인 여유가 있을 때 그 내용에 살을 붙여 문장을 완성하면 된다. 그러나 표제만 쓰고 며칠씩 방치해버리면 '발견'은 퇴색하고 시들어진다. '발견'에는 언제나 감동이 따르기 마련이다. 그 감동이 사라지기 전에 문장으로 만들어두지 않으면 영원히 쓸 수 없게 된다.

수첩의 구조

다빈치의 제자가 되어 '발견의 수첩'을 실천해보려고 생각 중인 독자들에게 수첩에 대한 몇 가지 구체적인 조언을 들려주고자 한다.

앞서 말한 것처럼 '발견'은 갑자기 찾아온다. 그 자리에서 포착하고 즉시 기록하는 것이 우선이다. 따라서 기록의 장치인 수첩은 언제, 어디서나 가지고 다닐 수 있어야 한다. 이것이 '발견의 수첩' 제1 원칙이다.

노트는 주머니에 들어갈 리가 없고, 문구점에서 판매하는 고급 다이어리 등도 주머니에 들어가지 않는다. '발견의 수첩'은 작을수록 좋다. 그러나 단순한 메모가 아닌 일종의 논문을 기록하는 것이므로 글을 쓸 때 불편함은 없어야 한다. 여러 가지를 시도해보았는데 크기가 작으면서도 글을 쓸 때 불편함이 없어야 된다는 이 두 가지 요구를 모두 만족시켜주는 것은 문고판보다 약간 작은 크기가 알맞다.

또 하나 책상이 없어도 쓸 수 있어야 한다. 그래서 표지에 과감히 두꺼운 마분지를 씌웠다. 그렇게 하면 페이지를 펼치고, 왼손으로 수첩을 들고 서 있는 상태에서도 글을 쓰는 것이 가능하다. 오랜 기간 보존해야 하므로 제본이 탄탄할수록 좋다. 속지에 횡선이 쳐져 있으면 좋고, 날짜라든가 그 밖의 쓸데없는 인쇄는 불필요하다. 시판하는 수첩 중에는 추천할 만한 제품이 드물다. 이왕이면 주문하거나 직접 만들어 사용하기를 권한다.

1페이지에 1항목

오래 사용하다 보니 사용 방법에도 여러 가지 기술적인 진보가 있었다. '발견의 수첩'은 정신 성장에 대한 기록이 아니라 지식 축적을 위한 수단이므로 나중에 이용할 때 편리해야 한다. 기록한 내용 중 나중에 쓸 수 있을지는 나중 문제이고 최소한 이용 방법에 불편함은 없어야 했다. 이용 방법이 불편하다면 아무리 많이 적어놔도 쓸모가 없다.

그래서 몇 가지 실제적인 연구가 필요했다. 처음에는 한 페이지를 가득 채워보기도 했다. 이것은 나중에 이용할 때 불편한 점이 많았다. 고민 끝에 한 페이지에 한 항목만 기록한다는 원칙을 세웠다. 페이지 맨 위에 그 페이지의 내용을 요약해 표제를 붙였다. 아무리 짧은 내용이더라도 내용이 바뀌면 다음 페이지로 넘어갔다. 1개 항목이 길어져 두 페이지 이상 넘어갈 때도 각 페이지마다 표제를 적고, 두 번째 페이지에서는 '무엇무엇의 계속'이라는 식으로 정리해두었다.

색인을 만든다

　한 권을 금방 쓰게 되는 경우도 있고 여간해서는 페이지
가 진전되지 않는 경우도 있다. 한 권을 다 썼을 때는 반
드시 색인을 붙인다. 매 페이지마다 표제를 정해뒀으므로
색인은 어렵지 않게 만들 수 있다. 이 작업은 반드시 필요
하다. 이를 통해 '이중 발견'을 체크할 수 있고, 내가 어떤
분야에 관심을 보이는지, 또 무엇에 흥미를 느끼는지 등을
정리해서 어떤 연관성을 파악할 수도 있게 된다. 이를 되
풀이하면서 타인의 것이 아닌 나만의 생각이 완성되는 것
이다. 그리고 무슨 일을 겪게 되든 나만의 개성이 드러나
는 아이디어로 세상을 헤쳐나갈 수 있게 된다.

　솔직히 말하면 나는 지금까지 여기 기록한 '발견의 수
첩'은 이제 쓰지 않고 있다. 지금은 그 기능을 카드로 대행
시키고 있기 때문이다. '발견의 수첩'에 적용된 1페이지 1
항목 원칙이라든가, 색인을 만들고 정리하는 등의 방법을
그대로 수용한 것이 카드 시스템이다. 그러나 지금도 조
건에 따라서는, 예를 들어 여행할 때 등은 카드보다 수첩
이 편리하다고 생각한다. 지적 생산의 기술로서 수첩과
카드는 장단점이 있다고 본다.

제2장
노트에서 카드로

직수입의 전통

수첩에 이어 이번에는 노트에 대해 알아보자. 우리는 흔히 필기장을 노트라고 부르는데 원래 영국에서 노트라고 하면 메모라든가 주석 같은 의미이다. 필기장의 정확한 명칭은 노트북이다.

그 노트북 관련하여 재미있는 추억이 있다. 초등학생 시절 처음으로 로마자를 외우고 대학 노트 표지의 'NOTE BOOK'이라는 문자에 대해 해독을 시도했다. 이건 영어이고 일본어의 로마자 표기와는 다르다는 사실은 전혀 몰랐기에, 로마자 그대로 읽어보았다. 노테 보…까지는 괜찮았다. 뒤의 OK가 이상해, 이건 분명 KO로 써야 하는데 인쇄할 때 잘못 찍었나 보다, 하고 생각했다(일본어로 노트북 발음은 '노토북쿠'이다-편집자 주). 그래서 올바른 순서로 고쳐 다시 읽으면 '노테 보코'가 된다. 나는 대학 노트를 '노테 보코'라고 생각했다.

지금도 문구점 앞을 보면 노테 보코가 진열되어 있는데 이상하게 느껴지는 점이 있다. 왜 필기장이라는 말을 놔두고 영어로 번지르르하게 표지를 장식해야 할까. 이건 아마도 메이지 시대(1868~1912년)에, 미국이 영국에서 노트를 수입할 때 이미 그렇게 정해져버린 것이 아닌가 싶다. 그 후 1세기를 넘는 동안 일본에서, 그 문자가 줄곧 노트에 화석과도 같이 박혀 있는 것을 보면 정말 오래된 전통이다.

필자가 이런 이야기를 꺼낸 이유는, 그 직수입된 전통이 표지뿐만 아니라 어쩌면 내용에도 관여하는 것이 아닌가 싶어서이다. 노트의 내용이라면 역시 안에 일정한 간격으로 그어진 줄을 말한다. 그 줄 간격은 도대체 어떤 기준으로 정해진 걸까. 그것도 혹시 직수입 문화가 낳은 현상일까.

노트의 줄 간격

생각해보면 애당초 대학 노트의 줄 간격은 글자 자체가 간단한 영어에는 어울리지만, 획수가 많은 한자를 필기하기에는 너무 좁다. 줄 경계를 넘어 삐져나오기 일쑤다. 그것도 역시 미국에서 G펜을 써가며 영어를 가늘게 표기했던 때의 줄 간격을 그대로 직수입해온 것이 아닐까 생각한다. 만년필과 볼펜이 보급되고, 더구나 한자 위에 읽는 법을 표기할 때에는 너무나 좁다. 두 줄씩 잡고 쓰는 것이 차라리 나을 정도다.

그런데도 이 좁은 간격 사이에 가지런하게 글자를 잘 필기하는 사람들을 보면 감탄이 나온다. 노트란 원래 이런 것이라며 의심도 없이 자신의 글씨체를 줄 간격에 맞추어 작게 써왔을 것이다. 일본에 근시가 많은 이유가 획이 많은 글자를 사용하기 때문이라는 말도 있지만, 어쩌면 학생 시절부터 이 직수입 노트에 맞춰 글자를 작게 쓰기를 강요당한 결과가 아닐까.

노트의 줄 간격이 어떠한 기준으로 정해졌는지, 혹시 아시는 분 있으면 알려주기를 바란다.

노트의 진화

가느다란 글씨로 여백을 가득 메운 노트는 눈으로 보기에도 깔끔하고 일종의 박력마저 느끼게 된다. 하지만 그렇게 해놓으면 노트에 적은 내용을 나중에 다시 볼 경우 매우 불편하다. 어디에 뭐가 쓰여 있는지를 찾아보는 것이 쉽지 않기 때문이다. 노트 정리는 항목별로 일목요연하게 정리하는 것이 핵심이다. 무조건 꽉꽉 채우는 것은 노력에 비해 기대할 수 있는 성과가 적다.

고등학생 시절 더 이상 종이를 절약하지 않겠다고 생각을 바꾸는 순간, 나의 노트 정리는 단순해지고 성과도 높아졌다. 친한 선배를 따라 양쪽 페이지 중 한쪽만 이용하기로 했다. 좌우 페이지 중 오른쪽 페이지에만 내용을 쓰고 왼쪽 페이지는 백지인 채 그대로 놔둔다. 나중에 왼쪽 페이지에 항목을 분류하고 오른쪽 페이지 본문의 요약, 주, 참고 사항 등을 기록한다. 공책을 가득 메우는 것보다 훨씬 보기 쉽다.

학창 시절에 누구나 한 번쯤 경험한 바 있겠지만 수업을 소홀히 했다가 나중에 친구 노트를 빌려 베낀다. 그러기 위해, 이번 수업에 미처 정리하지 못한 필기를 염두에 두고 몇 장 정도 비워뒀다가 채우려고 하는데 이것이 생각처럼 쉽지가 않다. 그럴 바에야 추가 및 이동이 손쉬운 루스리프(종이를 마음대로 뺐다, 꼈다 할 수 있는 노트-역자 주) 노트를 사용하는 편이 낫다.

정리한 내용을 분류하면서 추가하거나, 순서를 바꾸는 것이 필요할 때도 있다. 사항별로 각기 노트를 준비해두는 것도 한 가지 방법이지만, 사항이 복잡해지면 노트가 수십 권씩 필요해진다. 어디에 무엇을 기입해야 좋을지 몰라 당황하는 수도 있다.

그래서 고안된 것이 루스리프 노트이다. 문구점에서 팔고 있는 루스리프를 사용해보면 바인더의 고리 구조와 부피가 마음에 들지 않는 제품이 많다. 또 종이가 단단히 고정되지 않고 찢어지는 등 대학 노트를 대신하기에는 결점이 많다.

그런 결점을 보완함은 물론이고 루스리프의 장점만 살린 것이 필러 노트이다. 필러 노트에 필요한 내용을 필기한 후 이를 잘라서 다시 루스리프로 정리한다. 이번에도 역시 한쪽 면만 이용하고 내용별로(학생이라면 학과별로) 페이지를 변경할 수 있도록 추가하면 자유자재로 쓸 수 있다.

노트에서 카드로

노트에 대해 꽤 길게 설명한 까닭은 카드를 이야기하고 싶었기 때문이다. 지금껏 여러 가지 형식의 노트를 사용해봤지만 어느 제품에도 만족하지 못했다. 결국 지금은 노트를 이용하지 않고 있다. 대신 필요한 내용들은 카드를 활용해 정리하고 있다. 직업상 필기가 생활이라고 할 수 있지만 노트로 불릴 만한 것은 하나도 없다. 이 책을 구상하면서 다시 한 번 주변을 살펴봤는데 옛날에 쓰던 것은 별도로 치고 요즘도 사용하는 노트는 한 권도 없었다. 앞서 설명한 '발견의 수첩'도 예전에 카드로 바꿨다. 현재의 내 생활은 '발견의 카드'에 전적으로 의지하고 있다.

노트 사용을 중단하고 카드를 활용하는 것을 보면 뭔가 특별한 실천법이 있나 보다, 라고 생각할지도 모르지만 솔직히 말하면 그런 것은 전혀 없다. 내가 쓰는 카드는 따지고 보면 노트의 일종에 지나지 않는다. 다만 바인더 등으로 정리하지 않았을 뿐 실질적으로는 노트와 다름없다.

앞서 이야기한 루스리프와 필러 노트도 일종의 카드라고 볼 수 있다. 설명한 바와 같이 루스리프와 필러 노트는 자유자재로 페이지를 추가하거나 제외시킬 수 있다. 그 사용법에 있어서도 항목별로 새 페이지에 정리하고, 한쪽 면만 사용하는 것 등은 모두 카드의 특징에 지나지 않는다. 루스리프와 필러 노트를 사용하고 있다면 벌써 카드를 사용하고 있는 것과 실질적으로는 별 차이가 없다.

이처럼 노트와 카드의 거리는 생각만큼 멀지 않다. 노트에서 카드로의 이행은 불과 한 발자국 차이밖에 나지 않는다.

노트에서 카드로의 이행은 나 같은 지적 생산업자만 해당하는 것이 아니라 일반적인 실무에서도 이루어지고 있다. 최근에 일어나고 있는 대규모의 사무 혁명 속에서 한 가지 두드러진 특징을 꼽으라면 장부의 장표화라고 생각한다. 옛날에 매매원장이 있었다면 근래 들어 장부라는 것이 생겼고, 오늘날에는 전표식 장표帳票 카드만으로도 얼마든지 사무 처리가 가능하게 되었다. 여기서도 장부 즉 노트는 점점 그 존재감이 옅어지고 있다.

필드 노트(야외 기록)

학창 시절에는 노트에 얽매여 카드라고 하면 문헌 카드 외에는 아무것도 몰랐다. 문헌 카드란 도서와 논문의 저자명, 게재 잡지명, 권수, 페이지 등을 기입한 것인데, 직접적으로 필요하다고 생각되는 문헌에 대해서는 스스로 문헌 카드를 만들어 보관했다. 이 문헌 카드의 용지는 옛날부터 도서관 용품의 일부로 시판 중이었다. 연구 테마가 바뀔 때마다 새로운 문헌 카드를 만들어 보관하는 것이 습관이었는데 고등학교 시절부터 몸에 배어 있었다. 그러나 내가 여기서 말하고자 하는 카드는 문헌 카드와는 종류부터 다르다. 내가 문헌을 대상으로 연구만 하는 서재파 학자였다면 문헌 카드로 충분히 만족했겠지만, 노트 대신 카드를 사용해야겠다는 발상에는 도달하지 못했을 것이다.

노트의 결점은 앞서 설명했듯이 페이지가 고정되어 있기에 한 번 기록한 내용은 순서 변경이 불가능하다는 점이다. 페이지를 분해했다가 용도에 맞게 구성하는 것이 쉽지 않다. 노트에 기입된 1차 자료를 바로 정리해야 할 때 이 같은 결점은 가히 치명적이다. 노트는 내용 보존에는 적합해도 정리에는 적당치 못한 조건이다.

나는 학생 시절부터 자주 조사 여행을 떠났다. 생물학, 지질학 등의 야외 과학(필드사이언스) 분야에 종사하는 사람들은 옛날부터 필드 노트를 사용하는 습관이 있다. 필드 노트는 주머니에 들어갈 정도의 크기에 표지가 단단한 노트를 말한다. 여기에 매일의 관찰과 조사 기록을 일기 형식으로 기록해나간다. 야외에서 착실하게 노트를 기록하는 것처럼 귀찮은 일도 없는데 이런 습관이 몸에 붙어 있지 않으면 야외 과학자로서 발전할 가망성이 거의 없다. 그래서 나도 이런 훈련만은 선배들로부터 착실히 전수받았다.

한 가지 문제는 조사 연구 여행이 길어질수록 그 뒷정리가 까다롭다는 점이다. 야외 기록은 매일 일어나는 사건들을 순서에 따라 기록하는 것이다. 매일 비슷한 상황들이 반복적으로 펼쳐진다. 때로는 자료가 산처럼 쌓이기도 하여 그 앞에서 당황할 수밖에 없다. 내가 카드를 사용하기 시작한 것은 바로 이런 사태에 직면했던 시기였다.

야외 조사와 카드

전쟁이 한창일 때 나는 몽골에서 유목민을 조사하고 있었다. 전쟁이 끝나고 몽골에서 수집한 자료들과 함께 일본으로 돌아왔다. 빼곡히 적힌 수십 권의 야외 기록을 앞에 두고 어떻게 처리해야 될지 막막했다. 천천히 페이지를 넘겨보면서 결론을 정리하려고 했는데 재료가 워낙에 많았다. 문득 자료들을 항목별로 나누고 카드에 기록해서 정리해보면 어떨까, 라는 생각이 떠올랐다.

전쟁 직후 아무것도 없던 시대였다. 당연히 카드용지도 팔지 않았다. 약간 더럽긴 했지만 꽤 큰 종이를 어렵사리 구한 후 직접 가위로 잘라 카드 크기로 만들었다. 그리고 야외 조사 내용을 항목별로 분류하면서 카드에 옮겨 적었다. 작업이 끝나자 수천 장의 카드가 만들어졌다. 이를 기초로 몽골 유목민에 대한 논문을 썼다.

지금은 이런 방법이 널리 알려졌다. 야외 연구 성과를 카드로 정리하는 것은 학계의 상식처럼 통하고 있다. 하지만 당시에는 이와 비슷한 전례가 없었다. 누구도 카드 활용법을 가르쳐주지 않았다. 카드로 사용할 용지의 크기도, 기록 방식도 모두 나 혼자 생각하며 결정하는 수밖에 없었다. 그때 만들었던 것을 요새 꺼내보면 왜 이렇게 만들었는지 아쉬운 부분도 많다.

이후 국내에서 몇 차례 야외 조사에 참가할 기회가 있었는데 조사 결과를 정리할 때는 언제나 카드를 활용했다. 카드 사용도 점차 개량되어 더 좋은 활용법을 찾게 되었다. 그러자 동료들도 나와 같은 방법을 시도하기 시작했다.

그 시절 오사카大阪시립대학 지리학과의 가와키다 지로 등은 국내 각지의 지리학적 공동 조사에서 카드를 활용했고, 상당한 성과를 올렸다. 그 후 히말라야 조사에서도 카드를 활용했고, 이를 통해 카드 활용법에 대한 풍부한 경험을 쌓게 되었다. 당시는 교토京都를 중심으로 자연사학회가 활발히 활동 중이었는데 일본 과학자들의 해외 학술 조사 성과를 주요 내용으로 하는 『자연과 문화』라는 학술 잡지도 출판하고 있었다. 그 잡지의 별책에 가와키다는 자신의 경험을 집약시켜 「야외 조사법의 서설—네팔의 경험에서」라는 논문을 실었다. 아마도 과학방법론으로서 야외 조사법을 체계화시킨 첫 번째 문헌일 것이다. 그 안에 이미 야외 조사 시의 카드 사용에 대한 기본적인 문제점이 기술되어 있다.

현지에서 카드를 작성한다

야외 기록을 카드로 옮기는 것은 입으로 말하기엔 간단하지만 실제로는 용이한 일이 아니었다. 야외 기록의 분량이 많을 경우 조사에서 돌아온 후 카드를 작성하기까지 몇 개월이 필요했다. 손도 많이 가고, 비용도 많이 든다. 또 옮겨 적으면서 실수할 때도 있었다. 그래서 이왕이면 현지에서 카드를 만드는 게 좋겠다는 생각이 들었다.

생각해보니 충분히 가능할 것 같았다. 처음부터 카드를 가져가서 관찰과 탐문 등의 조사가 끝나면 카드에 이를 기록하는 것이다. 국내에서의 몇 차례 조사에 참가하면서 이런 방법을 시도해보았다. 그러나 야외에서 카드를 작성한다는 게 쉽지는 않았다. 무엇보다 급할 때는 노트에 메모하는 것이 제일 쉬웠다.

1963년부터 이듬해까지 동아프리카에서 유목민을 조사할 기회가 있었다. 조사대는 2년 전부터 동아프리카에 캠프를 설치하고 조사에 필요한 갖가지 사항들을 준비해놓고 있었다. 캠프에서의 생활은 의식주는 불편했으나 어찌된 셈인지 노트 같은 문구류는 충분했다. 조사대의 정식 명칭은 'Kyoto University Africa Scientific Expedition'이었는데 통상 'KUASE'라고 불렀다. 우리는 KUASE의 SE는 'Stationery Expedition'의 약칭이 아니냐고 우스갯소리를 주고받곤 했다.

그런데 한 가지 이해가 안 되는 것은 캠프에 카드용지가 없었다. 산처럼 쌓여 있는 문구류 트렁크를 뒤져봤지만 카드용지는 한 장도 없었다. 대신 B5판의 나선형 필러 노트는 잔뜩 있었다. 같은 캠프에서 지냈던 덴리天理대학 조교수인 와자키 요이치和崎洋一 씨는 원래 손재주가 좋은 친구였는데 니퍼와 ET 절단기 같은 도구를 이용해 B5판 노트 한 권을 B6판 노트 두 권으로 만들곤 했다. B6판 크기라면, 나선을 빼고 페이지를 분해하면 그대로 카드 크기가 되었다. 기록할 때는 노트였지만 캠프로 돌아오면 언제든 카드로 바꿀 수 있게 된 것이다. 와자키 씨는 1년에 걸친 현지 조사 결과를 이 노트식 카드에 기록했다. 이는 수천 장의 카드에 해당되는 분량이었다. 이 같은 작업 덕분에 현지에서 필드 노트를 작성하고 다시 캠프로 돌아와 일일이 카드에 옮겨 적는 수고를 덜게 되었다. 현지에서 노트에 기록한 내용들이 캠프에 돌아오면 어느 순간 카드가 되어 있었던 것이다.

야외 조사 결과를 카드로 만드는 방법은 가와키다 지로가 그 후에도 꾸준히 연구를 계속해온 덕분에 현재는 상당히 세련된 방식들이 고안되었다. 우선 현장에 메모 노트를 가져간다. 이때 노트에는 문장이 아닌 단어만으로 조사한 내용을 적는다. 나중에 캠프로 돌아와 사항별로 내용을 분류해 노트를 가위로 자르고 관찰 사항 등을 덧붙여

갱지에 붙인다. 이를 보면서 필요하다고 생각되는 내용들을 항목별로 분류한 카드에 옮겨 쓴다. 가와키다 지로는 현장에서 돌아와 이렇게 만든 카드를 펀치 카드 형태로 보관하는데, 현장에 이 펀치 카드를 가지고 가서 바로 정리 기록을 적어넣는 편이 가장 좋다고 한다.

공동 연구

학습 연구의 카드 활용은 야외 조사를 통해 발전되었지만, 그 밖에 또 다른 계보가 있다. 1950년 무렵 교토대학 인문과학연구소의 구와바라 다케오桑原武夫 교수는 동 대학의 연구자들과 '루소 연구'를 시작했다. '루소 연구'는 오늘날까지 공동 연구의 모범으로 인정받고 있으며, 인문과학 분야의 연구 방법으로서는 획기적인 발상의 전환이 뒤따랐다. 이들의 연구 방법은 그 후 '프랑스 백과전서 연구'로 다시 한 번 빛을 발하게 되는데, 그때는 나도 공동 연구자로 참여하게 되었다. 이 두 번의 공동 연구를 통해 많은 연구자들이 카드 활용에 대해 열린 마음을 갖게 되었다.

구와바라 교수는 공동 연구에 참여한 전원에게 동일한

카드를 활용하도록 지침을 내렸다. 동일한 방식으로 각자의 성과를 기록하고 이를 공유하자는 얘기였다. '백과전서'의 원문에 등장하는 어려운 단어 등이나 여러 가지 독서 결과, 고찰, 착상, 그 밖에 무엇이든 생각나는 대로 자신의 카드에 기록한다. 그리고 이렇게 만들어진 카드는 공동 연구가 아닌 다른 프로젝트에 다른 용도로 사용해도 무방했다. 당시 교토대학의 쓰루미 슌스케鶴見俊輔 교수는 찻집에서 차를 마시다가도 뭔가 번뜩이는 아이디어가 떠오르면 주머니에 넣고 다니던 카드를 꺼내 그 자리에서 적곤 했다.

구와바라 교수가 어디에서 힌트를 얻어 공동 연구에 카드를 활용했는지는 모른다. 『구와바라 다케오 전집』 4권에는 「인문과학에서의 공동 연구」라는 제목으로 교토대 정년퇴직 기념강연이 수록되어 있다. 구와바라 교수는 여기에서도 카드 시스템을 언급했다. 하지만 그 기원에 대해서는 함구하고 있다.

공동 연구는 기본적으로 능력 있는 조율자를 필요로 한다. 다행히 '백과전서' 연구 때는 인문과학연구소 조교수인 히구치 긴이치樋口謹一가 조율자 역할을 무난하게 수행

했기에 대성공을 거둘 수 있었다. 카드는 무조건 두 장씩 만들어 한 장은 공동 연구반에 제출하고, 나머지 한 장은 개인이 소장하도록 했다. 솔직히 귀찮기는 했지만 그렇게 함으로써 연구 수준도 높아지고 개인의 만족도 충족되었다. 최근에는 감압 복사지라고 해서 복사기의 도움 없이 복사할 수 있는 방법이 있다. 그런 것을 사용하면 몰라도 사람이 손으로 똑같은 카드를 매번 두 장씩 만드는 것은 정말 번거로운 일이었다.

이처럼 카드를 활용한 공동 연구의 성과로 1951년 '루소 연구', 1954년 '프랑스 백과전서 연구'가 차례로 빛을 보게 되었다.

야외 연구와 공동 연구에서의 경험을 바탕으로 가와키다, 히구치, 나, 이렇게 셋이서 3인 공조로 '연구에서의 카드 사용법'이라는 논문을 정리해 『자연과 문화』라는 잡지에 실을 예정이었으나 결국 실행되지 않았다.

교토대학형 카드

'백과전서 연구'에는 나도 참가했기 때문에 내 앞으로도 수많은 카드용지가 배급되었다. 그리고 이를 사용하면서 분야를 막론하고 카드에 기록할 수 있다는 것을 알게 되었다. 그래서 지금까지 야외 조사 정리 때만 사용하던 카드 시스템을 지적 생산의 전 영역으로 확대하여 적용해보았다. 예상보다 성과가 좋았다. 그래서 노트 사용을 중단하고 카드로 전향해버렸다. '발견의 수첩'도 카드에 흡수되었다.

나중에 알게 된 사실인데 카드를 '발견의 수첩'처럼 활용한 원조는 아라이 하쿠세키新井白石였다. 이 18세기 문화인의 주머니에는 요즘의 카드 크기에 해당하는 종이가 들어 있었다. 그리고 뭔가 색다른 발상이 떠오르면 장소를 불문하고 기록했다.

'백과전서 연구' 때 배급된 카드는 B6판으로 앞뒷면을 모두 쓸 수 있었고, 가로로 줄이 그어져 있었다. 또 펀치가 용이하도록 구멍이 두 군데 뚫려 있었다. 카드로 활용하기에 그다지 훌륭한 편은 아니었다. 내 경우에는 그간의 경험을 종합해보고 나만의 양식으로 직접 설계해 도서용품 전문점에 주문 제작했다. 그것이 현재 내가 사용하고 있는 카드의 원형이다. 종이가 두껍고 뒤는 백지, 펀치 구멍은 없다. 카드 만들기에 대해서는 나중에 다시 한 번 설명하기로 한다.

이 카드는 평판이 꽤 괜찮아서 희망자들이 많았다. 한 꺼번에 대량으로 주문해 원하는 사람에게 골고루 나눠주 었다. 나중에는 내가 설계한 카드가 시중에서 유통되기에 이르렀다. 우연히 길을 가다가 문구점에서 내가 설계한 카드가 팔리는 것을 보게 되었다. 상품 이름은 '교토대학형 카드'였다. 그것을 보고 미련 없이 교토대학에 특허권을 양보하기로 결심했다.

제3장
카드와 그 사용법

카드의 크기

야외 조사의 정리 및 공동 연구 때 활용하는 카드가 어떤 과정을 거쳐 탄생하게 되었는지를 앞에 설명했다. 이런 방식을 우리는 카드 시스템이라고 불렀다. 카드 시스템은 그 후 여러 가지 방식으로 개선되었고, 현재는 상당히 많은 용도에 사용되고 있다.

우선 카드에 대해 좀 더 상세한 기술이 필요할 것 같다. 내가 설계한 카드, 또는 교토대학형 카드에 대해 많은 사람들로부터 문의가 있었다. 한 장만 견본으로 보내달라는 주문이 상당히 많았다. 여기서는 교토대학형을 예로 들고자 한다. 일반적으로 사용할 수 있는 카드 시스템에 어떤 카드가 적합한지 생각해보자. 카드 시스템은 장기간에 걸쳐 사용할 수 있는 것이 전제다. 카드의 사이즈나 종이의 질에 변화가 생겨서는 곤란하다. 따라서 처음부터 이 점을 유의하기 바란다.

카드의 크기가 첫 번째 난관이다. 카드 크기라고 하면 어느 정도 크기인지 감이 잡히지 않는다는 사람이 많다. 사이즈가 엄청 작다고 지레짐작하는 사람들도 많다. 내 경험상 사이즈는 클수록 좋다. 카드 시스템을 활용해보고 싶다는 사람들에게 내가 첫 번째로 들려주는 충고는 카드의 크기가 커야 된다는 점이다. 카드 시스템에 이용할 카드라면서 가져온 것을 보면 대개 A6판(10.5cm×14.8cm)으로 너무 작다. 작은 카드는 단어 암기 및 도서 카드에는 적합할지 몰라도 복잡한 지적 생산에는 적당하지 않다.

교토대학형 카드는 B6판이다. B6로 말하면 12.8cm× 18.2cm이다. 이 정도면 꽤 큰 것이다. 이런 카드 한 장이면 아이디어 정리나, 자료 정리 등은 어렵지 않게 끝낼 수 있다. 카드 시스템을 활용하다가 중간에 포기하는 사람이 많은 까닭은 애초부터 너무 작은 카드를 사용했기 때문이다. 카드용지의 크기가 작으면 '비망록'이 되어버린다. 노트나 수첩 대신 카드를 활용한다는 본래의 취지가 무색해진다.

B6판을 권장하는 까닭은 사무용품이 B6판을 중심으로 제작되고 있기 때문이다. 카드 수납 공간인 철제 캐비넷 및 임시로 자주 쓰는 카드만 수납하는 카드 박스 등도 B6 판이 가장 많이 제작되고 있다. 이상하게도 이 B6판 카드는 교토대학형을 만드는 가게를 제외하고 다른 데서는 발매하지 않은 모양이다. 카드가 없는데도 수납장이나 액세

서리가 판매되고 있어 어찌 된 영문인지 보니까, 앞서 말했듯이 사무업계에서는 장부의 장표화가 진행되고 있기 때문이었다. 이 카드용품들은 장표를 위한 것들이다.

종이의 질과 인쇄

카드를 만들 때 중요한 것이 종이의 질이다. 적당치 않은 종이를 고르면 카드를 만드는 의미가 퇴색된다.

카드는 거기에 무엇인가를 쓰고 보존하는 것이 목적은 아니다. 카드를 활용하지 않으면 의미가 없다. 이렇게 만든 카드는 한 장씩 넘겨보면서 생각을 정리하고, 필요한 정보를 간추린다. 카드 박스의 도서 카드를 넘기듯이 반복적으로 넘기게 될 것이다. 따라서 어느 정도 두께가 있고 튼튼해야 한다. 일반 노트의 종이는 카드로 쓰기에는 얇다. 얇은 종이는 한 장씩 조심해서 넘겨야 하기에, 카드 활용의 이점인 빠른 조작이 불가능해진다.

현재 시판되고 있는 도서 카드는 종이의 질이 너무 두껍다. 도서 카드 용도로는 상관없겠지만 때에 따라 긴 문장을 기록해야 하는 경우를 생각해본다면 너무 두꺼워도 곤란하다. 두꺼우면서도 약간의 부드러움이 필요하다. 내 경우에는 카드용지 끝을 손가락으로 잡고 카드를 세워봤을 때 간신히 서 있는 정도가 딱 맞는 것 같다.

종이 표면이 너무 매끄러운 것도 좋지 않다. 잉크를 잘 빨아들이는 것이어야 한다. 카드는 때와 장소를 가리지 않고 마구 써야 하므로 잉크가 더디게 마르는 것은 피해야 한다.

선이 그어져 있는 것은 상관없다고 생각한다. 다만 선을 무시하고 사용할 수 있게끔 선의 색깔은 연한 것이 좋다. 나는 일부러 백지를 골라 연한 파란색으로 일일이 선을 그린다.

선의 간격은 시판 중인 노트보다는 조금 넓은 편이 좋다. 시중에서 파는 노트는 대개 1cm 가량의 폭으로 나눠진다.

그리고 뒤에는 선이 필요 없다. 카드는 원칙적으로 한 쪽만 사용한다. 될 수 있으면 뒤쪽은 사용하지 않는 편이 좋다. 또 용지에도 선 이외에는 아무것도 인쇄하지 않는 편이 좋다. 괜히 나만의 서식 같은 것을 새겼다간 쓰기에 불편할 뿐이다.

이렇게 만들어진 카드는 겉으로 보기엔 색다를 것이 없다. 하지만 이런 단순함이야말로 카드 시스템의 효과를 최적으로 이끌어내는 조건이라고 생각한다. 카드 시스템의 카드는 다양한 지적 작업에 견뎌낼 수 있는 다목적 카드여야 한다. 쓸데없는 것을 덧붙이면 그 용도만 좁혀질 뿐이다.

가지고 다닌다

카드를 제대로 활용하기 위해서는 늘 가지고 다녀야 한다. 그러기 위해서는 연구가 필요하다. 우선 표지이다. 나는 널빤지 대신 플라스틱제를 사용한다. 플라스틱 두 장에 필요한 만큼의 카드용지를 집어넣고 고무밴드로 고정시킨다. 밴드를 위아래로 감아놓으면 마치 책처럼 된다. 플라스틱 표지는 카드용지보다 세로와 가로가 몇 밀리미터씩은 커야 한다. 이렇게 하면 카드용지의 끝이 너덜해지지 않아서 좋다. 이 플라스틱 용지가 야외에서는 책상 대용이 된다. 카드의 왼쪽 끝에 펀치로 구멍을 뚫고 고리를 끼우고 다닐 수도 있지만 굳이 그럴 필요까지는 없다고 생각한다. 구멍을 뚫어놓으면 그만큼 카드의 유효면적이 줄어들고, 쓸 때마다 고리가 방해된다.

이것으로 카드를 휴대할 준비가 끝났다. 나는 늘 50매 정도의 새 카드를 가지고 다닌다. 이 정도 가지고 다니면 어디에서든지 약간의 지적 작업이 가능하다. B6판의 두껍지 않은 책 한 권을 갖고 다니는 정도다. 휴대에 큰 불편함은 느껴지지 않는다. 주머니에 넣고 다녀도 되고, 스타일이 마음에 걸리는 사람은 가방에 넣고 다니면 된다.

잊어버리기 위해 쓴다

이번에는 카드의 사용 방법에 대해 살펴보자. 카드를 다 만들었다면 어떻게 쓸 것인가. 기본 원칙부터 설명하기로 한다.

카드에 대해 흔히 갖게 되는 오해는 카드를 통해 기억을 유지하려고 한다는 점이다. 영어단어 카드라면 또 모르겠지만 우리가 추구하는 카드 시스템은 이 경우와는 완전히 반대된다. 머릿속에 들어 있는 기억을 굳이 카드에 기록할 필요가 있을까? 카드를 활용하는 까닭은 잊어버리기 위해서다. 완전히 잊어버리고 있어도 카드 한 장만 있으면 걱정 없다. '기억하는 대신 기록'한다. 또는 '두뇌에 넣지 않고 카드 박스에 넣는다'라고 할 수 있을 것이다.

그런 점에서 카드는 컴퓨터와 비슷하다. 컴퓨터도 인간을 대신해 정보를 기억해준다. 확실히 이 두 가지 '장치'에는 공통점이 있다. 양쪽 모두 지적 생산을 도와주는 도구임에도 '망각의 장치' 같은 역할을 하고 있다.

우리가 카드를 활용하는 까닭은 잊어버리기 위해서다. 이것이 카드 시스템의 핵심이다. 카드에 기록했으므로 그 내용은 안심하고 잊어버려도 괜찮다. 그러므로 카드에 기록할 때는 망각을 염두에 두기 바란다. 즉 나중에 이 카드를 봤을 때 완전히 몰랐던 내용을 새롭게 접한 것 같은 느낌이 들어야 한다. 따라서 어떤 기호나, 평소 자기만 알아볼 수 있는 메모처럼 기록해서는 안 된다. 1년쯤 시간이 지나면 내가 뭘 썼는지조차 모르게 된다. 나의 기억은 시간이 지날수록 타인의 기억이 된다. 그만큼 낯설어진다는 뜻이다.

될 수 있으면 기억에 의지하지 않으려고 한다. 물론 독자 중에는 기억력이 뛰어난 사람도 있을 것이다. 하지만 인간의 기억력은 믿을 만한 저장고가 못 된다. 그래서 나는 기억을 의지해 지적 작업을 수행하는 사람을 여간해서는 신뢰하지 않고 있다.

카드를 기록할 때는 다른 사람도 충분히 무슨 내용인지 알아볼 수 있게끔 작성해야 한다. 뜻이 통하는 문장으로 기록해야 한다는 말이다. '발견의 수첩'을 설명할 때 짧은 논문을 집필하듯 쓰라고 했는데 그 원칙은 카드도 마찬가지다. 카드 시스템은 메모와는 다르다.

그리고 이 짧은 논문에는 반드시 제목을 붙인다. 카드 상단에 제목을 적어놓으면 나중에 검색할 때 편리하다. 적절한 제목이 생각나지 않는다면 내용을 한 줄로 요약하는 것도 좋다.

1장에 1항목

노트와 카드의 차이는 현상을 막 끝낸 스트립 컬러 필름과 한 장씩 떼어내 슬라이드로 만든 필름의 차이라고 할 수 있다. 스트립 필름은 촬영 순서가 충실히 보존되어 있지만, 내용별로 이용하려면 슬라이드가 월등히 앞선다.

	-카드와 필름 비교- 2/3	
	(한 장의 카드에 두 가지 내용을 쓰면 안 된다)	
	한 장의 카드에 두 가지 내용을 기입하면	
	다루기 힘들어진다.	
	필름 하나를 재차 또 찍는 것과 같다.	
	어느 쪽도 이용 불가능하다.	
Feb, 5		
1962		

    아무리 슬라이드 사진이라고 해도 촬영 날짜 등의 기본
적인 정보를 적어두지 않으면 나중에 이것이 어디에서 찍
은 사진인지 전후 관계가 불분명해진다. 마찬가지로 카드
에도 반드시 날짜를 기입하는 습관을 기르는 것이 좋다.
나는 카드의 좌측 하단에 날짜를 적는다. 또 상황에 따라
서는 같은 항목으로 몇 장씩 내용이 이어질 때도 있다. 이
럴 때는 일련번호를 정한다.

    카드 1장에 두 가지 이상의 내용을 기록하는 것은 금물

이다. 카드 1장에 무조건 한 가지 사항만 기록한다. 이 같은 원칙은 매우 중요하다.

　문제는 사항의 단위를 정하는 것이다. 때로는 하나의 경험에서 여러 항목의 새로운 내용이 등장하기도 한다. 1항목의 범주를 어디까지로 정할 것이냐는 결국 개인의 경험 문제다. 초심자의 경우 항목이 아닌 경험을 중심으로 한 장의 카드에 두 가지 이상의 내용을 적다가 실패하곤 한다. 카드를 아끼지 말고 특별한 내용이 아니더라도 세부적인 요소로 나누는 것이 성공의 지름길이다. 카드 한 장에 한 줄만 써도 상관없다.

분류가 목적은 아니다

　카드가 완성되면 카드 박스에 보관한다. 카드 박스는 앞서 설명했듯이 B6판 크기의 철제 사물함이 시판되고 있다. 철제 대신 나무 상자, 마분지 상자를 활용해도 좋다.

　카드라고 하면 대부분 분류에 집착한다. 카드 시스템이라고 하면 초보자의 경우 수천 장에서 수만 장이나 되는 카드가 박스에 가지런히 분류되어 있는 광경을 상상하곤 한다. 이런 상상이 잘못되었다고 할 수는 없지만 여기에는 약간의 오해가 더해진 것만은 사실이다. 카드는 지적 생산의 도구일 뿐 생산된 지식의 분류는 아니다.

각각의 카드에는 경험과 지식이 기록되어 있다. 그 경험과 지식을 카드에 옮겨 적은 근본적인 이유는 지식을 분류 및 저장하기 위해서가 아니다. 카드를 수만 장씩 보관해도 이를 활용하지 못한다면 쓸모가 없다. 그렇다면 카드를 활용한다는 것은 어떤 의미인가. 카드를 조합해 나만의 지적 생산을 이루어내는 과정을 뜻한다.

조합할 수 있다는 점이 카드의 가장 큰 특징이다. 축적과 저장뿐이라면 노트로도 충분하다. 노트에 적어놓은 지식은 다시 들춰보기도 어렵고, 항목별로 분류되어 있지 않기에 보관으로 끝날 우려가 있다. 그래서 카드를 생각해낸 것이다. 카드 시스템 활용의 핵심은 재구성이다. 지식과 지식 사이를 새롭게 구성해본다. 또는 이것저것 닥치는 대로 늘어놓는다. 내용에 아무런 연관성도 없는 카드들이 나란히 놓여 있는 것을 읽다 보면 나도 모르게 새로운 착상, 또는 둘 사이에 어떤 관련이 있다는 것을 깨닫게 된다. 이때 명심해야 될 것은 카드를 통한 새로운 발견도 카드화해야 한다는 점이다. 카드를 통해 깨닫게 된 지식과 발상을 다른 카드와 연결시켜 생각해보면 또다시 새로운 발견 내지는 아이디어가 떠오른다. 이 같은 과정은 단순한 지식 축약이 아니다. 일종의 지적 창조 작업이다. 카드는 저장고가 아닌 창조 장치에 해당된다.

카드는 눈에 보이지 않는 뇌세포다. 뇌세포의 작용은 눈에 보이지 않지만 카드의 결합은 눈에 보인다. 바꿔 말하면 뇌세포의 활동을 카드의 조합이라는 형태로 표출하는 것이다. 이 같은 형태적 표출로 내부에서 벌어지는 뇌세포의 활동을 자극하는 것이 카드 시스템의 근본적인 목표라고 할 수 있다.

그러므로 카드 분류에 신경질적으로 집착할 필요는 없다. 분류법을 정한다는 것은 생각에 테두리를 정해놓는 것과 같다. 갑갑한 테두리 속에 카드를 던져놓으면 그 카드는 결국 질식해서 죽어버린다. 카드 활용에서도 발상의 전환이 필요하다.

어떤 의미에서는 분류의 고정관념에서 탈피해야 한다. 객관적인 내용에 따라 카드를 분류하기보다는 내가 현재 관심을 보이는 것들만 따로 분류해놓는 것도 좋은 방법이다. 현재 흥미를 느끼고 있는 것들을 조합해보면 내가 무엇을 원하고 있는지 감이 잡힌다. 그리고 이를 통해 창조적인 아이디어를 떠올릴 수도 있게 되는 것이다.

다시 한 번 강조하지만 카드는 분류가 목적은 아니다. 반복해서 살펴보는 것이 중요하다. 그러다가 마음에 와닿는 몇 가지를 꺼내 내용에 상관없이 조합해본다. 그것을 반복하면, 몇만 장이나 되는 카드라도 활용되지 않고 버려지는 일은 없을 것이다.

역사의 현재화

지적 생산의 기술로서 카드 시스템은 다방면에서 많은 활용도가 기대된다. 전문적인 연구 과정, 사업 구상, 미래에 대한 계획, 회의 주제, 강연 초고 등에도 활용할 수가 있다. 또 독서 목록이나, 구입한 물품, 요즘 자주 만나는 사람들, 자주 찾는 식당, 여행지 등을 카드로 만드는 것도 가능하다.

이 책만 해도 그동안 모은 카드를 바탕으로 쓰고 있다. 카드의 조합을 통해 내가 '지적 생산의 기술'에 관심이 많다는 것을 알게 되었다. 또 카드 시스템을 활용해서 깨닫게 된 내용들을 다시 카드에 적고 나중에 읽어본 후 이 책의 자료로 활용하기도 했다.

카드의 역할은 노트와 크게 다르지 않다. 그러나 결과는 노트와 비교할 수 없다. 노트는 기껏해야 기록에 지나지 않는다. 두서없이 기록되어 있으므로 내용의 연관성도 찾아보기 힘들고 나중에 다시 꺼내 읽어보기도 쉽지 않다. 수집 품목처럼 사장되곤 한다. 그러나 카드는 적당히 분류만 해두면 몇 년 전의 지식과 착상도 방금 떠오른 것처럼 언제든 활용할 수가 있다. 그런 의미에서 카드 시스템은 역사를 현재화하는 기술이며, 시간을 물질화하는 방법이라고 생각한다.

유한에 대한 공포

그런데 카드 시스템은 전문적인 지식인 사회에서는 그다지 인기를 끌지 못하고 있다. 특히 연구가 생업인 고급 지식인들은 카드 시스템에 반감 내지는 불신을 감추지 않고 있다.

『도서』라는 잡지에 「지적 생산의 기술에 대하여」라는 원고를 실은 적이 있다. 같은 호에 작가 다카하시 가즈미高橋和巳 씨는 "카드식으로 정리한 정신은 새로운 것을 만들어 내지 못한다"라고 썼다. 그 글을 읽고 나도 모르게 웃음이 나왔다.

나 역시 그런 생각에 일정 부분 동의한다. 사상은 정신의 문맥이다. 카드에 뿔뿔이 적어놓았다고 나중에 거대한 줄기가 되어주지는 않는다. 이에 대해서는 전적으로 동감한다. 카드로 지식을 정리한다는 기술은 천박한 능률주의자의 발상이며, 적어도 사상가가 할 짓은 아니다. 이런 의견에도 동감한다. 카드에 대한 불신은 컴퓨터에 대한 불신과 비슷하다. 능률적으로는 뛰어나지만 인간 정신의 고급스런 업적이 능률만으로 향상되는 것은 아니다. 복잡한 인간의 문제가 능률만으로 해결되는 것은 아니다, 라는 반감이다.

카드 시스템은 어떻게 쓰느냐에 따라 상당한 심리적인 저항이 뒤따를 수 있다. 편리한 것은 좋지만 그래도 어쩐지 불편하다. 예를 들어 나만의 지식과 사상을 카드로 만든 후 한눈에 볼 수 있게끔 늘어놓았더니 고작 이것밖에

되지 않는가, 라는 생각이 들면서 자존심에 상처가 될 수도 있다.

인간은 무한한 세계를 동경하며 마음의 지주로 삼고 있다. 그런데 카드는 인간의 그 같은 환상을 철저히 무너뜨린다. 무한히 풍요롭다고 확신했던 나의 지식과 생각이 몇 장의 카드라는 빈약한 물량으로 형태가 바뀌어 내 앞에 널브러져 있다. 카드 시스템에 대한 반감은 유한성의 공포를 기반으로 삼고 있다. 공포를 초월할 만한 강한 정신력이 필요하다.

카드에 대한 비판

카드 시스템에 반감을 느끼거나 불신하는 마음을 이해 못하는 것은 아니지만 지적 생산의 도구로서 카드 시스템은 매우 유용하다고 생각한다. 그래서 지금까지 사용해왔고, 앞으로도 계속 사용할 작정이다.

그러나 도구는 어디까지나 도구이다. 도구는 사용이 목적이다. 도구에 사용되어서는 안 된다. 도구를 제대로 사용하기 위해서는 그 도구의 구조와 성능을 구별할 줄 알아야 한다. 적합한 장면에서 도구를 꺼내 사용해야 되는 것이다. 모든 장면에서 사용할 수 있는 만능은 이 세상에 존재하지 않는다. 또 사용 방법에 익숙해지지 않으면 효과가 없다. 도구의 형태를 보는 것만으로 우습게 봐서는 안 된다. 간소한 형태의 도구일지라도 이를 정확히 사용하려면 상당한 시일이 소요된다.

카드에 대한 비판과 불신은 대부분 경험이 결여된 비판과 불신이다. 카드라는 도구를 비판하고 싶다면 찬성과 반대의 편에 서 있을 것이 아니라 직접 실천해봐야 한다. 이런 경우에는 실천만이 해답을 알려준다. 카드가 인간의 정신을 불모로 만들 것인지, 혹은 새로운 길로 인도할 것인지는 직접 경험해본 후 판단해야 한다.

카드 시스템을 옹호할 생각은 추호도 없다. 카드에도 몇 가지 결점이 있다. 그중 하나는 다른 문서들처럼 '서류 한 권'으로 관리하기가 어렵다는 점이다. 모든 문서를 카드로 만들 수는 없다. 상황에 따라서는 일반적인 노트도 사용해야 하고, 외부에서 구한 문서를 보존해야 할 때도 있다. 이런 것들은 카드화가 불가능하다.

그리고 오래 사용하면 사용할수록 카드의 수가 늘어난

다. 경우에 따라서는 200~300매의 카드를 들고 다녀야 할 때도 있다. 이 정도 분량이면 무게와 부피를 무시하기 힘들다.

노트도 마찬가지겠지만 특히나 카드 시스템은 오랫동안 계속해야 효과를 볼 수 있다. 일시적인 실천으로는 그 효과가 나타나지 않는다. 그래서 처음 한동안은 내가 왜 이런 짓을 하고 있나, 라는 자괴감이 들기도 한다.

지적 생산에 카드 시스템을 활용해보려는 아이디어는 대부분의 사람들이 한 번은 생각해봤을 것이다. 그중에는 실제로 행동에 옮기는 사람도 적지 않다. 내 주위에서도 마음을 단단히 먹고 카드 시스템에 도전했다가 실패한 사람들이 많다. 카드 시스템에 결함이 있는 부분도 간과할 수 없지만 대개는 때와 장소를 불문하고 '카드를 작성한다'는 습관이 몸에 배지 않았기 때문이다. 이 습관에 길들여지기 위해서는 혹독한 훈련과 의지가 필요하다.

중요한 것은 카드를 쓰는 습관이다. 어떻게 해야 그 습관이 몸에 배일 수 있을까. 끈기 있는 실행만이 정답이지만 약간의 편법을 동원한다면 시작부터 1만 장의 카드를 미리 확보해버리는 것도 심리적인 압박이 될 수 있다. 눈앞에 쌓인 1만 장의 카드를 보고 있으면 뒤로 물러나는 것이 더 암담하게 느껴질 것이다. 각오를 다지면서 동시에 투지를 끌어낼 수 있다.

제4장
발췌와 규격화

처음으로 오려본 것

초등학교 때 신문에 『료칸 님良寬さま』이라는 연재 소설이 실린 적이 있다. 담임 선생님으로부터 매일 연재 소설을 듣는 것이 큰 즐거움이었다. 선생님은 신문에 연재된 소설을 가위로 오려 두루마리처럼 말아서 보관하셨다. 신문을 한 번 읽고 끝내는 것이 아니라 필요한 부분은 오려서 보존한다는 것을 새롭게 알게 되어서 그런지 지금도 그때의 기억이 남아 있다.

내가 직접 신문을 발췌하게 된 것은 그 뒤 얼마 후의 일이었다. 지금 가지고 있는 것들 중 가장 오래된 신문 발췌본은 비행기에서 찍은 히말라야의 사진이다. 모두 열다섯 장이다. 기사에는 휴스턴 탐험대가 에베레스트 산에서 '결사적인 비행'에 나선 후 촬영했다는 설명도 덧붙여 있었다. 사진에 나오는 비행기는 흔히 볼 수 있었던 경비행기다. 그런 비행기로 히말라야 산맥을 날아다녔으니 '결사적'이라는 표현도 과장은 아니었다.

나의 이 기념비적인 최초의 신문 발췌가 언제였는지는 모르겠다. 신문 발췌를 배운 적이 없으므로 날짜를 기록하지 않았다. 어느 신문인지도 적어놓지 않았다. 기사에

'본사 일본판권소유'라고 적혀 있긴 한데 그 '본사'가 어느 신문사인지는 알 길이 없다.

연대를 조사한 후에야 이것이 어느 때의 이야기인지 알게 되었다. 메이슨의 『히말라야—그 탐험과 등산의 역사』에서 연표를 확인한 결과 이 비행은 1933년이었다고 한다. 그 해에 나는 중학교 2학년이었다.

메이슨에 의하면 휴스턴 탐험대는 엉터리였던 모양이다. 에베레스트라고 착각해서 촬영했지만 사진에 등장한 산 정상은 에베레스트가 아니었다고 한다. 그러나 이 사진은 지금 봐도 강렬하다. 그때 막 등산에 흥미를 느꼈던 중학생 시절의 내가 나름대로 감동을 받고 이 사진을 신문에서 오려뒀나 보다.

스크랩북

신문 기사를 스크랩하는 작업은 대부분의 사람들이 적어도 한 번은 해봤을 것이다. 스크랩해두면 언젠가는 도움이 될 것이라고 생각하기 때문이다. 실제로 신문 기사는 기자들이 돈과 시간과 에너지를 쏟으며 조사한 정보이므로 지식의 보고와도 같다. 보존과 정리 방식만 제대로 익히면 누구든지 큰 도움을 받게 될 것이다.

문제는 방식이다. 신문 스크랩을 시작해보려는 사람은 많지만 어떻게 해야 되는지를 몰라 기껏 스크랩해놓은 것도 활용하지 못하거나, 머잖아 중단하는 경우가 적지 않다.

나의 첫 번째 신문 스크랩은 스크랩북을 통해서였다. 그때의 스크랩북을 뒤져보면 두서없이 기사들이 오려져 있다. 스크랩북은 예전이나 지금이나 크게 변화가 없다. 예전에 팔던 것이 지금도 팔리고 있다. 스크랩북의 목적은 기사를 발췌하고 보존하고 정리하는 것이다. 이 세 가지 목적은 세월이 변해도 달라지지 않는다.

그러나 내 경우에는 보존과 정리만으로는 만족하지 못했다. 스크랩북의 기본은 신문에서 오린 기사를 날짜에 따라 정리하는 것이다. 내용에 따른 분류와 정리는 허용하지 않고 있다. 몇 장 안 될 때는 상관없으나 양이 쌓이면 아무래도 복잡해진다. 지금 필요한 기사가 어디에 있는지 스크랩북을 한참 동안 뒤져서야 찾게 된다는 것은 왠지 손해 보는 기분이다. 그래서 시중에서 유통 중인 스크랩북을 더 이상 이용하지 않게 되었다. 그렇다고 더 좋은 방법

이 떠오른 것도 아니다. 결국 신문 스크랩에 흥미를 잃어
버리고 말았다.

그런데 지금도 스크랩북이 팔리고 있다. 물론 형태나
용도는 여전히 변함이 없다. 그렇다면 오늘날에도 스크랩
북을 구입하는 사람들은 도대체 어떤 식으로 활용하고 있
는 걸까. 단순히 초보자용 재료로 팔리고 있는 것은 아닐
까. 신문에서 얻은 정보를 간직하고 싶다는 욕심에 스크
랩북을 구입했지만 결국 한두 번 써보고는 도저히 안 되겠
다고 중단해버리는 것은 아닐까.

두꺼운 종이에 붙인다

그렇게 한동안 신문 스크랩을 중단했다가 1950년부터
다시 신문 기사를 발췌하기 시작했다. 이번에는 기존의
스크랩북을 포기하고, 내 멋대로 두꺼운 종이를 사다가 여
기에 오려낸 기사를 붙였다. 문구점에서 파는 하드롱지를
A4 크기로 자르고, 한쪽 면에만 발췌한 기사를 붙이는 식
이었다. 기사의 크고 작음에 관계없이 A4 크기로 자른 하
드롱지 한 장에 기사 하나라는 원칙을 지켰다. 대부분의

기사는 A4 크기면 충분했다. 만약 A4보다 클 경우에는 반으로 접었다. 아무리 짧은 기사라도 한 장에 하나씩만 붙였다. 그리고 두꺼운 종이 하단에 신문 이름과 날짜를 반드시 기록했다.

이렇게 해두면 분류와 정리가 훨씬 간편해진다. 소재가 비슷한 기사, 혹은 서로 연관이 있는 기사들을 함께 정리할 수도 있고, 필요에 따라 순서를 바꾸는 것도 가능하다.

개인적으로는 충분히 만족스러웠다. 이것으로 숙원이었던 신문 스크랩에 성공했다고 생각했다. 다만 내가 고안해낸 방식에는 한 가지 문제가 있었다. 스크랩 하나를 만들려면 약간의 공정이 필요하다는 점이었다. 오려낸 기사를 하드롱지에 붙이는 작업은 아이들에게 맡겼지만 기사 스크랩은 내가 직접 해야 했다. 그날그날 할 수가 없어서 필요한 기사에 빨간색 크레파스로 표시를 해두었다. 그렇게 날마다 스크랩해야 할 신문들이 쌓여갔다. 버리자니 아깝고 스크랩하자니 시간도 없고 귀찮다. 이것 때문에 아내의 불만이 폭발해 부부싸움의 원인이 되기도 했다.

분류 선반에서 오픈 파일로

정리와 보존 방식을 생각하면서 처음으로 실행에 옮긴 것은 자료를 분류한 뒤에 선반에 올려놓는 방식이었다. 서재의 한쪽 벽면에 베니어판으로 선반을 하나 만들었다. 그리고 널빤지로 항목별로 칸막이를 해두자 약 백 수십 개의 공간이 만들어졌다. 칸막이로 만들어진 공간만큼 분류 항목을 정할 수 있게 된 셈이다. 이렇게 만든 후 항목별로 분류해보았다. 신문 스크랩뿐 아니라 팸플릿 등 자료도 함께 넣었다. 자료를 '머릿속에 넣지 않고 선반에 놓는다'라고 생각하면서 혼자 득의양양해했다.

이 방식은 편리하긴 했지만 분류 항목이 칸막이 때문에 고정된다는 단점이 있었다. 상황에 따라서는 분류 항목을 좀 더 세분화하거나, 항목 간의 순서를 바꾸고 싶을 때도 있다. 그러나 칸막이의 수가 한정되어 있으므로 이동이 곤란하다.

훗날에야 이를 한꺼번에 해결할 수 있게 되었다. 오픈 파일을 사용하면서부터였다. 스크랩 등 모든 자료는 일정한 모양과 크기의 폴더에 넣고 일반 서재의 선반 등에 세워서 보관하는 것이다. 폴더에는 내용물의 성격을 적어놓

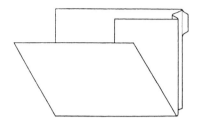

오픈 파일 폴더

을 수 있는 부분이 마련되어 있다. 이런 폴더를 사용하면 항목을 늘리는 것이 간단하다. 하나의 항목을 더욱 세분화시키고 싶을 때는 폴더를 더 준비하면 된다. 또 보관 순서 등도 형편에 따라 마음대로 변용시킬 수 있다. 또 한 가지 이점은 팸플릿 같은 신문 이외의 자료도 폴더에 보관할 수 있다는 점이다. 폴더는 또 A4판의 하드롱지도 충분히 들어간다. 여러모로 쓰임새가 좋았다.

이들 진화 과정은 노트에서 카드로의 이행 과정과 비슷했다. 스크랩북 단계는 노트에 해당한다. 스크랩북을 사용할 때는 한 번 보관하면 고정되기 때문에 추가와 변경이 쉽지 않았다. 두 번째 시도인 선반은 루스리프에 해당한다. 항목을 세분화하거나 추가하는 것은 쉽지만 한 번 순서를 정한 분류 항목은 이동이 쉽지 않다. 세 번째 오픈 파일은 카드에 해당한다. 오픈 파일을 찾은 후에 비로소 추가, 변경, 분류가 자유자재로 이루어졌다.

자료를 규격화한다

앞서 이야기한 신문 연재 소설과 마찬가지로 두루마리를 만들거나, 히말라야 사진처럼 스크랩북으로 정리하는 방식을 사용하지 않고 무조건 두꺼운 종이에 붙인다는 것은 어떤 의미일까. 한마디로 규격화라고 할 수 있다. 내가 직접 해보고 깨달았다.

기사의 크기에 상관없이 모두 일정한 형식으로 분류되어 단위화하는 것이다. 규격화와 단위화는 분류, 정리, 보존의 기초라고 할 수 있다.

카드 시스템의 활용도 일종의 규격화에 해당한다. 카드 용지에 필요한 정보를 기입함으로써 생각과 지식, 정보는 형식적인 규격의 범위에 들어가게 되고, 이는 곧 단위화를 의미한다. 역으로 말하면 신문에서 기사를 발췌해 일정한 크기의 하드롱지에 붙인 후 보관했다는 것은 기사를 카드화했다고 볼 수 있다. 물론 카드로 만드는 게 가장 좋다. 다른 카드와 함께 취급할 수 있기 때문이다. 하지만 신문 기사는 대부분 B6판 카드보다 크다. 편의상 다른 규격을 활용했을 뿐이다.

지적 생산의 작업은 대부분 규격과 색깔이 가지각색인 여러 종이를 상대로 진행된다. 그때 가장 곤란한 문제는 크기나 두께 면에서 여러 가지 종류의 종이들이 범람하고 있어 여간해서는 관리가 쉽지 않다는 점이다. 관리라고 하면 서류철을 떠올리기 쉬운데 서류철이 가능해지려면 관공서나 기업처럼 주고받는 서류가 어느 정도 규격화되어야 한다. 우리가 다루는 문서들은 이런 곳들과 태생부터 다르다. 그래도 크기를 일률적으로 맞춘 하드롱지에 붙여버리면 결국 똑같은 모양이 된다. 그러고 나서 오픈 파일을 활용해도 좋고, 서류철로 관리해도 좋고, 제본을 해도 상관없다.

크기와 내용에 상관없이 하드롱지에 붙인다는 것은 그 자체로 하나의 규격화이며, 이를 다시 오픈 파일로 보관하는 것도 규격화이다. 하드롱지에 붙여놓은 것들과 여러 가지 팸플릿, 리플릿들도 오픈 파일로 보관하면 결과적으로 같은 모양이 된다. 이를 통해 내 주위에 범람하고 있던 온갖 잡다한 자료들을 한 번에 정리할 수가 있었다. 현재는 모든 자료들을 오픈 파일로 관리하고 있다. 오픈 파일 선반은, 신문에서 발췌한 내용을 수용할 뿐만 아니라 이제는 책과 카드 이외의 모든 자료를 수용하는 자료 창고가 되었다.

선배의 가르침

자료의 규격화는 나만의 독창적인 발상이 아니라 예전에 어떤 선배로부터 배운 것이다.

자연과학을 전공하면서 자상하게 나를 인도해주는 선배를 만나게 되었다. 가니 도키치可児藤吉 씨. 일본의 곤충 생태학 선구자 중 한 명으로 야외 조사는 물론이고 이론가로서도 매우 뛰어난 분이었다. 나는 가니 씨에게 많은 것을 배웠는데 그중 하나가 발췌인쇄물 정리법이었다. 과학자가 어떤 논문을 학술 잡지에 발표하면 그 잡지에 발표된 자신의 논문만 발췌해 상당부수 받는 것이 통례이다. 이를 친구나 전문 분야가 다른 사람들에게 나눠주라는 것인데, 오랫동안 한 분야에서 연구 생활을 계속하다 보면 여러 사람들로부터 받은 논문 발췌가 엄청나게 쌓여 정리가 곤란해진다. 특히 학술 잡지는 사이즈가 제각각이어서 발췌 논문의 크기도 제각각이다.

다행히도 가니 씨가 이런 것들을 어떻게 정리해야 하는지 가르쳐주었다. 상자에 담는 것이다. 마분지로 약간 대형의 북케이스를 만들어 저자별, 또는 항목별로 발췌해 그 속에 집어넣는다. 선반에 나란히 놓으면 두꺼운 백과사전처럼 보였다. 사이즈가 각기 다른 발췌문을 똑같은 크기의 북케이스형 상자로 규격화한 셈이다.

교수실이나 다른 연구실에 가보면 이런 북케이스들이 여러 개 있었다. 일종의 오픈 파일 시스템이었다. 이런 식의 정리법이 연구자들 사이에서는 공통의 문화로서 훨씬 전부터 확립되어 있었던 것이다.

가니 씨는 소집을 받고 전쟁터에 나갔다. 그리고 돌아오지 않았다. 전쟁이 끝나고 가니 씨의 죽음이 확인된 후 가깝게 지내던 사람들에게 유품이 분배되었다. 내가 받은 것은 북케이스였다. 그리고 세월과 함께 여기저기서 받은 논문들이 쌓이게 되었다. 나는 이 논문들을 가니 씨의 북케이스에 분류해서 담아두었다. 현재는 오픈 파일이 그 자리를 대신하고 있다.

쉽지 않은 사진 정리

이번에는 모두가 갖고 있지만 의외로 정리하기 어려운 자료에 대해 이야기해보고자 한다. 다름 아닌 사진이다. 집집마다 사진기가 하나씩은 있고, 또 사진을 찍고 있다. 그러나 사진을 찍은 후에는 제대로 정리도 하지 않고 내버려두는 경우가 많다.

학창 시절부터 여행을 자주 다녔고, 그때마다 사진을 많이 찍었다. 젊었을 때는 추억의 앨범이라고 해서 상당히 값비싼 앨범을 이용했다. 자료 정리라는 관점에서 본다면 날짜순으로 분류한 스크랩북 단계였다. 과거를 추억하는 데는 도움이 되었지만 미래에 대한 자료로는 사용하기가 어려웠다. 무엇보다 시중에서 판매하는 앨범은 똑같은 것을 나중에 다시 구입하기가 쉽지 않다. 선반에 올려놓으면 크기가 제멋대로여서 외관상으로도 보기가 그랬다.

몇 년 전에 단단히 작심하고 우리 집에 있는 사진들을 정리했다. 우선 카테고리를 둘로 나눴다. 자료 사진과 가족 사진이다. 자료 사진은 주로 조사 여행 때 찍은 것인데 원칙적으로 캐비닛(11cm×16.2cm)판으로 확대하고 하드롱지에 붙였다. 하드롱지는 B5판이다. 사진을 붙이고 남는 공간에 필요한 내용을 기록한다. 이렇게 하면 사진도 카드가 된다.

가족 사진은 의미가 다르다. 아이들의 성장 과정과 가족 생활의 기록이다. 자료라기보다는 '추억'이다. 그래서 일기와 비슷하게 날짜순으로 정리했다. 될 수 있으면 호화판 앨범은 피했다. 간소하다 못해 사무적인 형태라고 해도 나중에 비슷한 형태의 앨범을 살 수 있어야 한다. 가족 앨범은 추억거리가 많아서 그런지 수십 권에 달한다. 다행히 가족 사진은 아내가 전적으로 관리하고 있다.

시판품과 규격화

규격화를 권하는 까닭은 잡다한 요소들을 추방하기 위해서다. 규격화를 통해 지적 작업은 보다 손쉬워지고 집중력도 높아진다. 무척 유효한 방법이라고 생각한다. 제일 먼저 내가 시도했던 것은 문서의 규격화였다. 알고 보니 나의 지적 활동에 필요한 문서류는 고작 몇 종류밖에 되지 않았다.

첫 번째가 카드였다. 이에 관해서는 앞서 설명한 바 있다. 다음으로 자료용 하드롱지와 사진용 하드롱지, 그리고 편지지와 봉투, 마지막으로 원고지였다. 기껏해야 여섯 종류밖에 안 된다. 충분히 검토하고 나에게 적당한 규격을 정한 후 전문 제작소에 주문했다. 이때 규격은 B6, A4처럼 일반 규격에 맞췄다. 이 밖에도 잡용지가 필요했지만 특별히 주문하지는 않았다. 필요할 때 남는 편지지나 원고지를 사용하기로 했다.

편지지나 원고지라면 특별히 주문하지 않고 시판품을 사용해도 상관없지 않느냐고 생각하는 독자들도 많을 것이다. 상관은 없다. 다만 시판품에는 두 가지 큰 결점이 있다. 첫째는 값이 너무 비싸다. 대량생산품이므로 주문해서 만드는 것보다 저렴하지 않을까 싶지만 실상은 전부 비싸다. 시판품은 불필요할 정도로 종이의 질이 높고, 쓸데없는 문양들이 인쇄되어 있거나, 고급 포장지를 사용하는 등 어떻게든 단가를 높이려고 애쓴 흔적이 보인다. 그에 비해 주문품은 처음에만 돈이 조금 많이 들어갈 뿐 결과적으로는 훨씬 경제적이다.

시판품의 두 번째 결점은 똑같은 것을 갖추기가 어렵다는 점이다. 문구류 메이커는 1년에도 몇 번씩 신상품을 판매하면서 제멋대로 규격을 바꿔버린다. 2, 3년만 지나면 전에 쓰던 것과 똑같은 규격의 제품을 구할 수가 없다. 최근에는 그나마 사정이 나아졌다고 하지만 아직까지는 못 믿겠다. 언제 생산이 중단될지 모르기 때문이다. 이 문제로 여러 번 좌절도 겪었다. 기업 사정상 1년이나 2년에 한 번씩 생산 계획이 달라지는 것은 이해할 수 있지만 지적 생산자 입장에서 생각해보면 10년, 또는 그 이상의 긴 시간을 고려할 수밖에 없으므로 이는 어쩔 수 없는 선택이라고 생각한다.

규격품 혐오

지적 생산에도 사무적인 혁명이 필요하다고 권장하는 입장에서 가장 어려웠던 점은 지적 생산에 필요한 물건들을 구입하는 단계였다. 사무용품에만 국한되는 이야기가 아니다. 시중에서 판매 중인 제품은 구입자보다 생산자, 혹은 판매자 입장에서 만든 것이 더 많다. 주문 생산의 경우에도 잘 생각해서 주문하지 않으면 머릿속에서 그렸던 이미지와는 완전히 다른 제품이 손에 들어온다. 오랫동안 사용해야 하므로 신중하게 선택하기 바란다.

주문 제작에는 커다란 함정이 하나 있다. 나만의 개성을 살리겠다는 욕심에 고의로 규격을 무시하기 쉽다는 점이다. 개성을 앞세우며 규격품을 혐오하는 사람도 있다. 이는 개성존중주의와는 다르다. 고급 지식인 사회에서 이런 성향이 쉽게 발견되는 풍토가 안타까울 뿐이다. 지적 생산의 재료들은 말 그대로 재료에 불과하다. 규격품을 사용하더라도 나만의 지적인 개성에는 변함이 없어야 한다. 창조성은 정신에서 비롯되지 재료나 도구 등이 남과 다르다고 해서 나만의 창조성이 개성적으로 변하지는 않는다. 이는 개성적인 에너지를 엉뚱한 곳에 소비하는 불

필요한 낭비에 불과하다.

최소한 용지 사이즈 등은 일반적인 규격에 맞춰야 한다. 그래야만 북케이스나 폴더처럼 시판하는 사무용품과 규격이 맞아떨어진다. 그리고 정해진 규격의 사이즈는 단가가 싸게 먹힌다. 시판품보다 주문 생산을 권장하는 이유는 취미를 충족시키기 위해서가 아니라 합리주의를 생각하기 때문이다. 시판품은 규격 유지가 까다롭고 비경제적이기 때문에 주문 생산을 권장하는 것이다.

제5장
정리와 사무

어느 학자의 이야기

초등학교 시절 교과서에서 읽은 기억이 나는데, 모토오리 노리나가本居宣長라는 학자의 에피소드였다. 이 학자는 자기 집 서가에서 밤중에 불을 켜지 않고도 필요한 책을 바로 찾아낼 수 있었다고 한다. 또 몇 번째 선반의 오른쪽에서 몇 번째를 보면 무슨무슨 책이 있는데 그 책 좀 가져올 수 없느냐고 해서 시키는 대로 그렇게 하면 정말로 그 책이 꽂혀 있었다고 한다.

옛날 사람들은 기억력이 좋으면 머리가 좋다고 생각하는 습관이 있었다. 박람강기博覽强記(널리 책을 읽고 이를 잘 기억한다는 뜻-역자 주)라는 말은 지식인에 대한 최대의 찬사였다. 아마도 이 이야기 역시 학자 모토오리 노리나가의 기억력을 입증하는 에피소드로 교과서에 실렸을 것이다. 하지만 내가 볼 때 이 이야기는 기억력과는 관련이 없다. 모토오리 노리나가의 '훌륭한 정리'에 대해 말하려고 했을 것이다. 정리만 제대로 할 줄 안다면 이 정도는 누구든지 할 수 있다.

나는 어렸을 때부터 물건을 오래 보관하는 습관이 있었다. 어떤 것이든 쉽게 버리지 못했다. 지우개 조각처럼 쓸데없는 것까지 중요한 보물처럼 주워 상자 속에 보관해두었다. 성장한 후에는 물건뿐 아니라 친구들로부터 받은 편지, 학계의 팸플릿, 일반 메모까지 간직하게 되었다. 그러나 정리를 몰라서 닥치는 대로 박스에 집어넣어버렸다. 지금도 고등학교 시절의 유산이라고 할 수 있는 이런 박스들을 어쩔 수 없이 끌어안고 있다.

학창 시절에는 뭔가를 보관한다는 것 자체만으로도 행복했다. 그러나 본격적으로 지적 생산에 뛰어들게 되면서 이래서는 안 되겠다는 생각이 들었다. 예전에 받은 편지를 다시 들춰볼 일이 생기거나, 예전 자료를 찾아봐야 했을 때 행방불명이 된 탓에 곤란한 일을 한두 번 겪은 게 아니다. 주변에 쌓인 자료들을 어떻게 정리해야 되는지 가르쳐준 사람이 없었다. 나 혼자 여러 방법들을 시도해보았으나 번번이 실패했다. 다행히도 실패를 겪을 때마다 그만큼 현명해졌다. 그리고 마침내 정리에 대한 기본 원칙을 수립할 수 있게 되었다.

정리와 정돈

정리란 무엇인가. 또는 정리의 원칙은 무엇인가. 조금 거창하게 질문을 던졌지만 대답을 알고 보면 그리 대수로운 것도 아니다. 누가 곁에서 가르쳐주면 고생할 일도 없다. 안타깝게도 내 주변에는 정리가 무엇인지 알고 있는 사람이 없었고, 이에 대해 가르쳐주는 책도 없었다. 요즘은 서점에 가면 따로 '정리학' 코너가 있을 정도로 현대 생활에서의 정리를 요령 있게 가르쳐주고 있다. 물론 이 책에서는 개인의 지적 생산 활동과 연계해서 정리라는 문제에 대해 생각해볼 것이다. 일반적으로 말하는 정리란 무엇인가. 어떻게 해야 정리가 잘 되어 있다고 말할 수 있을까.

난잡하게 흐트러져 있는 것을 눈에 거슬리지 않도록 깨끗하게 갖춰놓는 것은 정리가 아니다. 그것은 정돈이다. 사물이 정리되어 있다는 것은 필요할 때 언제든 찾아 쓸 수 있도록 준비하고 있다는 뜻이다.

겉으로 보기에는 뒤죽박죽인데 필요한 자료를 눈 깜짝할 사이에 찾아내는 사람을 보면 신기하다는 생각이 든다. 또 책이나 서류가 질서정연하게 정돈되어 있는데 정작 필요한 자료가 어디 있는지 모르는 사람도 있다. 정리는 잘 해놓았지만 정돈이 부족한 사람과 정돈은 잘 해놓았는데 정리를 못하는 사람이 있다. 정리는 기능의 질서 문제이며, 정돈은 형식의 질서 문제다. 정돈보다 정리가 훨씬 어렵다. 서재와 책상 정돈은 파출부 도우미도 할 수 있지만 어지럽게 늘어놓은 자료들을 정리하는 일은 당사자만의 역할이다.

보관 장소의 체계화

실생활에서 정리를 실현하기 위해서는 몇 가지 원칙이 있다. 첫 번째로 중요한 것은 '보관 장소'가 결정되어야 한다는 점이다. 보관 장소가 그때마다 달라진다는 것은 확실히 문제가 있다. 정리의 첫 번째 원칙은 물건을 '놓아두는 장소'를 정해야 한다는 점이다.

두 번째로 '놓아두는 장소'에 체계가 있어야 한다. 기껏 장소를 정했다고 하더라도 그곳으로 정한 이유나 법칙이 없다면 나중에 생각해내려고 해도 도저히 떠오르지 않는다. '이런 이유로 그곳을 놓아두는 장소로 정했다'라는 명분 없이는 인간의 능력상 시간의 흐름과 함께 서서히 잊어버리게 된다. 정리 방법에 대한 연구는 이 같은 체계를 연구하는 것이다. 카드의 분류, 배열은 어떤 식으로 할 것인가. 이런 종류의 책은 어디에 둘 것인가. 또는 이런 종류의 책 다음에 어떤 책을 놓아둘 것인가가 제일 먼저 고려해야 될 대상이다.

서재를 신서판이라든가, B6판 등 판형 기준으로 보기좋게 배열하는 사람이 많은데 깔끔하게 정돈할 수는 있어도 정리는 아니다.

'놓아두는 장소'에 대한 체계가 잡혔다면 다음은 '방법'이다. 책은 쌓아올려서는 안 된다. 다른 것도 마찬가지이지만 책과 서류는 절대로 쌓아놓아서는 안 된다. 반드시 세로로 세워놓아야 한다. 생각보다 간단하지만 이 원칙을 실행하는 것이 정리의 전제 조건이다. 기껏 분류 시스템을 생각해냈다고 하더라도 가로로 쌓아놓으면 배열이 엉망이 된다.

이렇게 놓아두는 장소와 방법이 결정되었다면 그것을 꼭 지켜야 한다. 꺼내서 사용한 뒤에는 무슨 일이 있더라도 원래의 위치에 갖다놓는다. 이것이 세 번째 원칙이다. 다들 알고 있겠지만 실천하느냐, 실천하지 못하느냐에 따라 정리의 성과가 판가름된다. 어디서 꺼냈는지 기억이 가물가물할 수도 있으므로 어디에서 꺼냈다는 표시를 연구하는 것도 좋은 방법이다.

정리법을 모색하기까지의 과정

내가 해왔던 서류 정리의 역사를 뒤돌아보면 참으로 어리석은 짓을 되풀이해왔다는 생각이 든다. 물론 위에서 살펴본 여러 원칙들은 한 가지도 지켜내지 못했다.

처음에는 서류를 끈으로 묶었다. 당연히 이것은 정리가 아니다. 단지 문서를 보존했을 뿐이었다. 서류가 필요할 때마다 끈을 풀고 서류더미를 헤집었다. 정리의 제1 원칙은 보존이 아니다. 보존이 목적이라면 장롱 등에 박스째 쌓아두면 된다. 정리의 제1 원칙은 과거를 현재로 불러오는 것이다.

그 다음으로 '서류봉투법'이 있다. 프로젝트별로 자료를 분류해 서류봉투에 넣었다. 잡지 등을 구독하면서 대형 봉투가 많이 쌓였는데 이를 이용해보았다. 서류봉투 겉면에는 커다랗게 내용을 적어두었다.

가만히 앉아 있기보다는 그나마 나은 편이었지만 서류 봉투에서 일일이 자료를 꺼내고, 다시 필요한 내용만 찾아 낸다는 게 여간 귀찮은 일이 아니었다. 또 서류봉투는 금 방 구겨지고 낡아졌다. 겉으로 보기에도 흉했다. 이 방법 은 정리는 물론이고 보존에도 적합하지가 않았다. 그래서 서류철을 사용해보기로 했다. 한동안은 그럭저럭 만족스 러웠지만 자료가 늘어나면서 상당히 많은 서류철을 필요 로 하게 되었다. 일일이 서류철을 사야 하므로 돈도 많이 지출되었고, 자료를 찾아 쓸 때마다 서류철을 전부 해체해 야 하는 등 시간적으로도 손해가 컸다.

이렇게 여러 가지로 시도해봤지만 하나도 마음에 들지 않았다. 어떻게 해야 좋을지 몰라 방황하던 차에 마침내 수직파일링 시스템을 알게 되었다.

퍼킨스 선생님

내가 고등학교에 다닐 때도 학교마다 외국인 교사가 있 었다. 이분들은 주로 외국어회화를 담당했다. 우리 학교 에는 퍼킨스라는 분이 있었다. 미국인으로 전문 교육자는 아니었고 청량음료수를 판매하는 사업가였다. 우연히 어떤 계기로 학교에서 영어를 가르치게 되었다고 한다. 고등학교를 졸업하고 꽤 오랜 세월이 지난 후 우연히 퍼킨스 선생님을 다시 만났다. 그때는 교사를 그만두고 다시 사업을 시작하고 있었다. 교토에서 외국서적 수입상을 운영하고 있었다.

집으로 초대를 받아 서재에서 한참 동안 이야기를 나누던 중 퍼킨스 선생님은 보여줄 게 있다면서 방 한쪽 구석의 상자를 열었다. 그 안에 종이로 만든 폴더가 잔뜩 쌓여 있었다. 선생님은 그 폴더 중 하나를 가져왔다. 그 안에는 우리가 말하던 분야에 관한 자료들이 가득했다. 필요한 자료를 그토록 쉽게 찾아내는 기술이 놀랍기만 했다.

이것이 파일링 시스템이었다. 지금 생각해보면 그리 대단치도 않다. 요즘에 많이 쓰는 철제 캐비닛이 없던 시절이어서 퍼킨스 선생님은 뚜껑 없는 상자를 이용했다. 그러나 한 가지 특이한 점은 가로로 배열하지 않고 수직으로 세워두었다는 것이다. 이른바 수직식 파일링이었다. 그래서 나도 집에 오자마자 즉시 시험해보았다. 이 수직식 파일링 시스템은 이후 나의 자료 정리의 시초가 되었다. 나는 이 정리법을, 조용한 일본식 방에서 기모노 차림의 외국인에게 배웠다는 점에서 너무나 강한 인상을 받았다. 파일링 시스템은 어디에서든 누구라도 사용할 수 있는 개념으로, 대단한 발견이었다.

수직식 파일링 시스템

생물학에 '개체 발생은 계통 발생을 반복한다'라는 유명한 법칙이 있다. 그 말은 다음과 같은 경우에도 적용 가능하지 않을까. 나 자신의 문헌 정리 역사를 돌이켜 보면, 그야말로 세계의 파일링 역사를 재현하고 있는 것 같다는 생각이 든다.

가장 초기에는 나처럼 끈으로 묶어두는 것이었다. 원래 파일이라는 단어는 라틴어로 끈, 또는 줄을 의미하는 filum에서 유래되었다. 그 다음에 박스를 이용하거나 선반에 올려놓는 등 여러 가지 방법이 고안되었고, 최종적으로 수직식 파일링 시스템이 완성되었다.

수직식 파일링 시스템은 폴더를 눕혀놓고 서류를 끼우는데 겉으로 보기에 카드 시스템과 비슷하다. 폴더에는 제목을 기입할 수 있도록 손잡이처럼 튀어나온 부분이 있다. 여기에 해당 항목을 적고 박스나 서랍 등에 보관해두면 서재의 책꽂이 등에서 찾기보다 훨씬 쉽게 필요한 자료를 활용할 수 있다. 내가 찾던 바로 그 방법이었다. 왜 지금까지 허튼 수고를 반복해왔는지 한탄스러울 정도였다. 파일링 시스템이 세계 역사에 처음 등장한 때는 1893년의 시카고 만국박람회였다.

폴더는 종이로 만들어졌기에 부피가 크지 않다. 그에 덧붙여 수용력이 크다. 서류의 크기나 모양도 문제되지 않는다. 온갖 종류의 잡다한 서류들도 폴더에 집어넣기만 하면 동일 형식의 규격화된 자료가 된다. 카드 시스템에서 살펴본 기본 원칙이 파일링 시스템에도 적용된다.

이런 좋은 분류법이 오래전부터 존재해왔음에도 나는 전혀 모르고 있었다. 내 주변에서도 파일링 시스템을 활용하는 사람은 아무도 없었다. 안타깝게도 파일링 시스템이 우리에게 전해진 것은 전쟁 후의 일이었다. 그나마 퍼킨스 선생님 덕분에 남들보다 빨리 파일링 시스템을 접할 수가 있었다.

분류 항목은 어떻게 정하는가

수직식 파일링 시스템을 채용하면서 가장 큰 문제는, 역시 이번에도 분류 항목을 정하는 일이었다. 구체적으로는 폴더를 분류할 때 무엇을 기준으로 삼을 것인가, 라는 점이었다. 제일 먼저 생각할 수 있는 것은 사항별 분류이다. 이를테면 학회 관계, 연구 조사, 구입 도서, 잡지 논문 등의 항목을 만들고 그에 해당하는 자료들을 분류한다. 실제로 이 방법을 써보았으나 그다지 큰 도움은 되지 않았다. 철저한 세분화가 필요했다. 대략적인 분류는 보관에 지나지 않았다. 항목을 세분화하다 보면 마지막에는 단위가 고유명사화된다. 그래도 상관없다.

나의 경우를 예로 들자면 민족학회 이사회, 프리마테스 연구회, 친구와 동료들의 개인인명 폴더까지 만들었다. 이렇게 만들어진 폴더에 각 단체에서 받은 논문과 사적으로 주고받은 편지들을 정리했다. 사사로운 편지까지 파일화시킨 것이다. 즉 은행에서 계좌를 만들듯이 나와 교류가 있는 사람들의 개인 폴더를 만들었다. 한 번 만들어두면 그 사람과 내가 관계된 것은 일괄해서 정리할 수가 있다. 만약 교류가 많은 사이라면 공적 폴더와 사적 폴더 등으로 세분화시키면 된다.

폴더는 오픈 파일과 마찬가지로 A4판을 이용했다. 이 정도 크기면 어떤 종류의 편지든 어렵지 않게 보관할 수 있다. 그리고 이 폴더를 철제 파일 캐비닛에 수직으로 담는다. 배열은 가나다순이다.

이 같은 시스템 덕분에 서류 정리가 한결 손쉬워졌다. 그 뒤 캐비닛 수가 늘어났지만 시스템 자체에는 기본적인 변화가 없었다.

캐비닛 파일

수직식 파일링 시스템은 철제 캐비닛을 이용하기 때문에 캐비닛 파일이라고 불렀다. 앞에서 살펴본 오픈 파일과 구별하기 위해서였다. 이들 시스템은 어떻게 구별되고, 또 어떻게 서로 관련을 갖는지 간단하게 살펴보기로 한다.

나는 이 두 가지 시스템을 확실하게 분리하고 있다. 캐비닛 파일은 사무 문서를 주로 관리한다. 개인 및 단체와의 여러 용건들에 대한 문서들이다. 오픈 파일은 자료 파

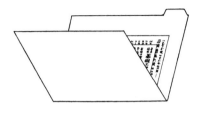

캐비닛 파일 폴더

일이다. 신문 스크랩을 비롯한 각종 자료들을 오픈 파일로 관리하고 있다. 캐비닛 파일은 사무에 대한 문서 보관 장치이며, 오픈 파일은 자료 보존 장치이다.

이 두 가지 시스템은 별개로 취급하는 것이 편리하지만 자료와 사무 문서를 별도로 구분할 필요가 없는 사람이라면 둘 중 한 가지 시스템을 정하면 된다. 개인적으로는 캐비닛 파일을 권하고 싶다. 캐비닛 파일은 오픈 파일보다 용량이 넉넉하기 때문이다.

사무 문서 보관과 자료 보존으로 파일링 시스템을 나눴다고 하더라도 내 경우에는 둘 모두에서 같은 이름의 파일이 등장하곤 했다. '○○대학'이라는 제목의 캐비닛 파일을 뒤지면 강연에 대한 사전 협의 문서들이 가득하다. 오픈 파일에서 같은 제목을 찾아보면 대학 요람이나, 학생 모집 팸플릿이 들어 있는 식이다. 개인인명 파일은, 캐비닛 파일에는 주고받은 편지들이, 오픈 파일에는 상대방이 쓴 논문이 수용되어 있다. 한 은행에 몇 개의 계좌를 만들듯이 동일한 제목의 파일은 몇 개가 되더라도 걱정할 필요가 없다. 보통예금과 정기예금 계좌라고 생각하면 간단하다.

캐비닛 파일의 사용법에 대해 좀 더 알아보도록 하자. 캐비닛 파일은 기본적으로 사무 문서 보관 장치이다. 사무를 처리하는 장치는 아니다. 캐비닛 파일에 서류가 있다고 해서 관련 업무가 해결된 것은 아니다. 처음에는 이런 것을 생각하지 못했다. 그래서 편지를 받으면 무조건 폴더에 집어넣었다. 하지만 이렇게 보관만 해서는 진전이 없다.

편지에는 용건이 적혀 있을 것이다. 그렇다면 우선 용건부터 처리한다. 용건이 끝나기 전에는 편지를 파일로 정리해서는 안 된다. 답장을 써야 한다면 답장을 쓴다. 그 후에 답장 복사본과 함께 파일로 정리한다. 훗날 그 용건이 계속 이어진다면, 파일이 모든 것을 말해줄 것이다. 그 용건에 관련된 과거의 모든 경위가 파일에 기록되어 있기 때문이다.

가정에서의 사무 혁명

문서 정리법 중 수직식 파일링 시스템이 가장 편리하다고 생각한다. 우선 가족들이 이 방법을 따라 하기 시작했다. 제일 먼저 주방에 가정용 캐비닛 파일이 들어섰다. 세탁소, 술집, 생선 가게, 정육점, 야채 가게, 수도국, 가스, 전력회사, 목공소, 생명보험, 기타 세금, 은행, 전화국, 주유소 등 각각의 '계좌'가 만들어지고, 그 분류에 따라 파일로 정리되었다. 각 '계좌'와 우리 집 사이에 있었던 일들은 전부 파일이 되어 보관된 것이다. 전기제품 보증서, 아이들 학교 수업료 영수증 등 잊어버리기 쉬운 서류들도 찾아 헤맬 필요가 없게 되었다.

아이들도 각자 자기만의 파일을 갖게 되었다. 과목별, 그리고 클럽 활동과 친구에 따라 각기 폴더를 만들어 인맥과 학업을 관리하기 시작했다.

우리 집의 파일링 시스템이 신기했던 모양으로 출판사에서 사진을 찍어가기도 했다. 잡지에 소개된 적도 있다. 나중에는 가정전용의 소형 파일 캐비닛으로 유행하게 되었다. 지금은 꽤 많은 집들이 우리와 비슷한 파일링 시스템을 활용하는 것으로 알고 있다.

학생용 파일링 시스템도 시판이 가능할 것이라고 생각한다. 파일링 시스템이라고 해서 특별한 장치나 기술이 필요하지는 않다. 폴더와 폴더를 담을 박스만 있으면 된다. 폴더는 플라스틱으로 만든 것보다는 종이 재질이 좋다. 파일링 시스템은 누구나, 어디에서든 할 수 있는 지적 생산 기술의 근본이다. 필요한 것은 실천과 함께 익숙해지는 것이다.

공간 배치를 정한다

사무 문서 관리 장치와 자료 보존 장치의 분리에 대해 설명했다. 이는 지적 생산을 위한 공간 분화와도 깊은 관련이 있다. 쉽게 말해 '사무실'과 '자료 창고'의 분류라고 할 수 있다. 자료 창고에 서재를 포함시켜도 좋다. 서재는 오픈 파일과 동질적인 의미이다. 경우에 따라서는 오픈 파일을 책과 함께 보관해도 큰 문제는 없다.

내 경우에는 지적 생산을 위한 공간으로 한 가지 더 분화시킨 공간이 있다. 바로 '작업장'이다. 작업장은 집필과 독서가 이루어지는 공간이다. 사무실과는 개념이 다르고 자료 창고라고 볼 수도 없다. 이곳이 나의 성역이며, 밀실이다. 나의 지적 생산 활동은 대부분 이곳에서 이루어진다. 하나의 테마가 정해지면 그에 필요한 자료와 책을 자료 창고에서 찾는다. 그리고 작업장의 책상 위에 올려놓는다. 이것으로 어지간한 준비는 끝난다. 남은 일은 집중해서 작업하는 것뿐이다. 작업이 완료되면 '사무실'로 향한다. 사무실에서 원고 발송을 준비하고, 출판사나 대학과의 사무적인 처리를 마무리한다. 그리고 다 쓴 자료들을 다시 자료 창고의 원래 위치에 갖다놓는다.

여기에 하나의 공간을 더하자면 재료 창고가 있다. 재료 창고는 자료 창고와는 다르다. 내가 말하는 재료는 카드, 원고지, 폴더 등이다. 이런 것들을 대량으로 주문하기 때문에 따로 보관 장소가 필요해졌다.

이처럼 지적 생산을 위한 공간을 기능에 따라 분화시키는 까닭은 지적 생산 작업에 계열이 다른 작업들이 존재하기 때문이다. 가끔은 지적 생산 작업보다 지적 생산물을 사무적으로 처리하는 데 더 많은 시간과 에너지를 빼앗긴다. 그럼에도 평소 앉아 있던 책상에서 사무 처리가 이루어졌다는 이유만으로 내가 엄청난 양의 지적 생산 작업을 마무리했다는 착각에 빠지곤 한다. 혹은 자료를 정리하고 선택하는 데 많은 시간을 할애해놓고도 이를 지적 생산으로 혼동하는 경우도 발생할 수 있다. 그러나 장소를 달리하면 지적 생산과 자료 정리, 혹은 사무 처리를 혼동할 위험이 없다.

이상과 같이 분류해보자면 지적 생산에 필요한 부분 공간은 네 가지로 압축할 수 있다. 작업장과 사무실, 자료 창고, 재료 창고이다. 지적 생산에 너무 많은 공간이 필요한 것 아니냐며 볼멘소리로 불만을 표할지도 모르겠다. 하지만 문제는 넓이가 아니다. 좁은 공간에서도 얼마든지 기능을 분화시킬 수 있다. 좁은 방에 책상 하나, 책꽂이 하나가 전부이더라도 이렇게 네 군데로 공간을 구별하기란 어려운 일이 아니다. 그래도 이왕이면 책상만큼은 사무용과 작업용 두 개를 구비하는 편이 좋다. 사무용 책상에서는 사무 처리와 자료 선택을, 작업용 책상에서는 말 그대로 지적 생산 활동만 이루어지게끔 구별해놓는다면 더없이 안성맞춤이다. 책상은, 양쪽에 파일 캐비닛이나 카드 케이스를 두고 그 위에 널빤지 판을 얹는 것이 용기를 겸용할 수 있어 가장 공간을 절약하는 방법이다.

사무 근대화와 기계화

나에게 파일링 시스템을 가르쳐준 장본인은 학교에서 만난 퍼킨스 선생님이 아니라 사업가 퍼킨스 씨였다.

유감스럽게도 연구 활동의 경력이 오래될수록 지적 생산 활동에 필요한 일반적인 기술에 무감각해지는 것 같다. 지식 연구자들 대부분이 지적 생산 기술에 무관심하다. 연구 목적 등이 개인의 개성적인 창조 활동에서 이루어지기 때문에 객관적인 기술화가 불가능하다고 생각하는 모양이다. 문제는 연구자들이 그렇게 방치해둔 사이에 세속적인 비즈니스 세계에서는 지적 생산 기술의 상당한 진보가 이루어졌다는 점이다. 지식 활동의 기술에서 연구자들이 비즈니스 세계에 추월당한 셈이다. 그래서 지금은 전문 연구자들이 비즈니스 세계로부터 지적 생산의 기술을 배우는 웃지 못할 사태까지 벌어졌다. 한 가지 예를 들면 비즈니스 세계에서는 사업 계획의 시초부터 세일즈 관리까지 이른바 PERTProgram Evaluation and Review Technique법 등을 개발해 실용화하고 있는데 이는 공동 연구에서도 얼마든지 활용 가능하다. 공동 연구의 가장 큰 문제점인 연구자들 간의 서로 다른 연구 방법 등을 하나로 묶어주기 때문이다.

그렇다고 비즈니스 세계의 지적 생산 기술을 무조건 따라가야 한다는 것은 아니다. 비즈니스 세계의 지적 생산 기술에는 한 가지 단점이 있는데 기계 및 도구 도입만으로 사무의 근대화가 이루어진다는 맹신이다. 파일링 캐비닛과 복사기, 컴퓨터 등을 갖춰놓았다고 해서 구성원의 지적 생산이 하루아침에 발전하는 것은 아니다. 물론 도움은 되겠지만 도구가 지적 생산의 원천은 아니다. 문제는 도구를 사용하는 인간의 발상이다. 또 전체적인 사용 체계가 세분화되지 않으면 사람마다 도구를 사용하는 능력에도 차이가 생기고, 결과적으로 구입한 도구를 100퍼센트 활용하지 못하는 상황에 직면한다. 부끄러운 고백이지만 나 역시 시류를 좇아 급하게 구입한 도구들 중 제대로 써보지도 못한 채 방치하고 있는 것들이 몇 개인가 있다.

질서와 안정

지금까지 우리가 살펴본 지적 생산 기술을 능률 문제로 접근하는 사람들이 많다. 우리가 다룬 내용들은 지적 생산의 기술이다. 기술을 이야기하는 것이므로 능률을 떠올려도 할 말은 없다. 그러나 내가 이 책을 쓰는 동안 능률에 대해 생각해본 적은 한 번도 없다. 기술이라는 단어 때문에 남들보다 좀 더 빨리, 쉽게 지적 생산에 나설 수 있을 것이라고 기대하는 독자들이 많다는 것을 알고 있다. 그리고 독자들의 그런 기대가 잘못되었다고는 생각하지 않는다. 최소 시간으로 최대의 효과를 이끌어내는 능률적인 부분에서도 지적 생산의 기술은 효용 가치가 높다.

그러나 개인적으로는 지적 생산의 기술을 정신 위생 문제로 파악했다. 인간을 인간다운 상태로 유지하기 위해서는 무엇이 필요한가. 나의 결론은 지적 생산의 기술을 갖춰야 한다는 것이었다. 인간의 삶은 지적이다. 왜냐하면 두뇌를 써야 하기 때문이다. 두뇌를 쓴다는 것은 생각하는 것인데 생각이 언제나 물 흐르듯 자연스럽게 이루어지지는 않는다. 그래서 인간은 지적인 활동을 전개할 때마다 초조해지곤 한다. 우리에게 지적 생산의 기술이 필요한 까닭은 능률 때문이 아니다. 지적 활동에 초조함이 배제된 '질서와 안정'이 필요하기 때문이다.

인간의 지적 활동은 수로에 물을 흘려보내는 것과 비슷하다. 수로에 홈이 파였거나, 작은 돌멩이가 있다면 물살이 자연스럽게 흐르지 못하고 이것들과 부딪혀 파문을 일으킨다. 요란하게 소리를 내고, 거품이 일고, 물결치며 흘러간다. 이른바 '난류' 상태이다. 그런데 수로 표면이 매끈하고 장애물도 없다면 아무리 많은 물을 흘려보내도 고요하다. 눈으로 보기에는 물이 흐르고 있는지 분간이 안 될 정도다.

인간에게 지적 생산의 기술이 필요한 까닭은 두뇌 활동을 방해하는 장애물을 사전에 제거하기 위해서다. 두뇌 활동에 아무런 파문도 일어나지 않는 상태를 유지하기 위해서다.

정신의 흐름을 안정화시키는 기술, 완전한 두뇌 활동이 가능한 상태를 확보하는 기술이 우리가 추구하는 지적 생산의 기술이다.

제6장
독서

읽는 기술

전반부에서는 수첩과 노트, 카드, 파일 등 이른바 지적 생산에서의 장치적 문제를 주로 다루었다. 이제부터 시작될 후반부에서는 '읽고 쓰기', 즉 지적 생산의 양식적 문제를 다뤄볼까 한다. 제일 먼저 독서에 대해 알아보자. 일반적인 독서가 아니라 지적 생산 기술로서의 독서이다.

독서에 대해서는 예부터 많은 사람들이 여러 가지 교훈을 남겼다. 독서법에 관한 책도 종류가 다양할 것 같지만 실제로 찾아보면 생각보다는 적다. 어떤 책을 읽어야 되는가, 라는 전문적인 독서 안내서는 많아도 책을 어떻게 읽어야 되는가, 라는 기술 지도서는 그다지 눈에 띄지 않는다.

최근에 입수한 책 중에서 가장 정통파적인 견해는 고이즈미 신조小泉信三의『독서론読書論』이다. 약간 클래식한 스타일이지만 역시나 귀를 기울여야 할 내용으로 가득하다. 그 밖에도 오우치 효에大内兵衛와 가야 세이지茅誠司의『나의 독서법私の読書法』이 도움이 되었다. 여러 분야의 20여 명이 제각기 독창적인 '나만의 독서법'을 주제로 집필하였는데, 내용이 개성적이어서 읽는 재미가 있다. 독서 기술이 주제는 아니지만 그래도 기술적인 부분도 다수 언급하고 있으므로 그런 점에서 많은 참고가 되었다.

읽는 것과 먹는 것

재미있는 사실은 이런 책들마다 독서와 식사를 비교하고 있다는 점이다. 많은 저자들이 읽는 것과 먹는 것 사이에는 공통점이 있다고 말한다. 나카무라 미쓰오中村光夫(평론가) 씨는 온갖 종류의 책들이 범람하는 현대 사회에서 정신 건강을 유지하기 위해서는 음식을 먹을 때 영양소와 칼로리를 따지듯 책을 읽을 때도 사상을 따져보는 습관이 필요하다고 주장했다. 또 다나카 미치타로田中美知太郎 씨는 여러 재료를 배합한 요리를 통해 영양의 균형을 보충하듯 다양한 주제의 독서를 통해 정신 건강이 유지된다고 말했다. 옛날 어른들도 '책은 정신의 양식'이라고 해서 독서를 식사에 비유하곤 했다.

영양학 내지는 요리법을 예로 들며 독서의 중요성을 설파한다는 발상은 그 자체로 특색이 있다. '맛있는 음식을 먹듯 재미있는 책만 읽어라'가 아니라 '몸에 좋은 음식을 먹고 건강을 유지하듯 좋은 책을 읽고 정신을 올바르게 유지한다라는 정신 건강적인 시야로 독서를 파악해야 한다는 주장이 눈길을 끈다. 그러나 우리는 몸을 위해서만 음식을 먹는 것이 아니다. 맛을 즐기기 위해 음식을 찾는 경우가 더 많다. 이는 독서에서도 마찬가지다. 정신 건강이라는 측면을 간과할 수는 없겠지만 마음의 즐거움도 크다. 영양학과 미각은 목적부터가 다르다. 따라서 독서에서도 기술론과 감상론은 별개로 다루어야 한다고 생각한다. 지금까지 내가 읽은 독서법에 관한 책들은 이 두 가지 관점의 분류가 모호했다. 마치 요리책인 줄 알고 구입했는데 나중에 읽어보니 맛집 소개였다고나 할까.

내가 이 책에서 독서를 언급하기로 결심한 것도 이런 아쉬움이 컸기 때문이다. 어느 식당의 모 메뉴가 맛있다는 설명은 일체 하지 않을 것이다. 어떤 재료를 어떻게 요리해 먹으면 몸에 좋다, 라는 기술론이 이 책의 관점임을 미리 밝혀둔다.

책은 좋아하지만 읽는 기술이 서투르다

현재 일본은 세계적인 출판 국가이다. 독서 인구도 상당히 많은 편이다. 사람들은 월급의 일정액을 책 구입에 사용하고 있다. 독서 왕국임에도 불구하고 능률적이고도 합리적인 독서 기술에 대해서는 흥미가 없는 것처럼 보인다. 앞에서 언급한 『나의 독서법』 저자 중 한 명인 와타나베 쇼코渡辺照宏 씨는 일본의 대학에서는 책을 어떻게 읽어야 되는지 가르치고 있지 않다면서 이 점이 무척이나 아쉽다고 말했다. 미국의 대학에서는 두꺼운 전문서를 몇 권씩 나눠주고는 다음 주까지 몽땅 읽어오라고 시킨다. 그러나 일본 대학 중 이렇게 가르치는 곳은 없다. 시대가 변했음에도 시험 중심, 강의 중심이다. 사정이 이렇다 보니 한 권을 다 읽기는커녕 시험에 나올 만한 대목만 골라보는 습관이 몸에 배어버렸다. 나만 해도 학창 시절에 이런 식으로 책을 읽어야 한다고 배워보지 못했다. 요즘 학생들도 사정은 크게 다르지 않은 것 같다.

그래서 많은 사람들이 시행착오를 되풀이하면서 자기만의 독서법을 만들어나가는 길을 선택하고 있다. 그 결과인지는 모르겠으나 전문적인 지적 생산자들 중 제대로 된 독서법에 무지한 사람이 의외로 많다. 나도 젊었을 때 제대로 된 독서법을 배웠다면 지금보다 훨씬 지적인 사람이 되었을 것이다.

독서법이란 개인에 따라 책을 통해 추구하는 바가 다르므로 개별적일 수밖에 없다고 생각하는 사람들이 절대다수다. 이 같은 생각은 결과적으로는 옳다. 그러나 '책을 읽는다'라는 기본적인 바탕은 다를 수가 없다. 이에 대해서는 충분히 공개적인 기술이 존재할 수 있다고 생각한다. 개인차만을 따지는 것은 비밀주의의 연장선상이다. 이로 말미암아 기본적인 교육과 훈련이 어려워진다. 실례로 유명한 지식인들의 의견을 들어보면 서로 비슷한 기술과 독서 방식이 눈에 띈다. 이런 것들이라면 대중에게 소개할 만하다고 생각한다. 여기에 나의 경험도 곁들어 독서의 기술에 대해 설명해보겠다.

'읽었다'와 '보았다'

우선 책은 처음부터 끝까지 읽어야 된다. 『나의 독서법』 저자들 중 상당수가 이렇게 충고했다. 와타나베 쇼코 씨도 '속표지에서 마지막 판권장까지 읽는다'라고 말했다. 판권장까지는 조금 그렇고, 어쨌든 한 번 책을 골랐다면 끝까지 다 읽는 게 가장 좋은 독서법이다.

왜냐하면 그것이 작가의 생각을 가장 확실하게 이해할 수 있는 기본 조건이 되기 때문이다. 어떤 책이든 저자는 전체적인 구상에 따라 한 권의 책을 만든다. 각 부분은 전체적인 문맥에 맞게 위치가 정해진다. 작가의 구상과 문맥은 전체를 읽어야만 비로소 완벽하게 이해된다.

저자는 책을 쓸 때 독자를 염두에 두고 쓴다. 독자의 입장에서 쓰는 것이다. 반대로 독자는 책을 읽으면서 저자의 의도가 무엇인지 이해하려고 한다. 저자의 입장에서 책을 읽는 것이다. 그 첫걸음은 처음부터 끝까지 읽는 독서법에 있다고 생각한다.

오락거리로 책을 읽는 것이면 몰라도 대부분의 경우 저자의 생각을 정확히 이해하는 것이 독서의 최대 목적이다. 내용을 이해하지 않을 거면 공연히 시간을 낭비해가며 책을 읽을 필요가 없다. 내용의 정확한 이해를 위해서는 어쨌든 전부 읽어야 한다. 반만 읽었다든가, 드문드문 읽는 습관은 책읽기로서 무척 서툰 태도이다. 시간을 투

자했음에도 목적은 달성하지 못하고 있다. 페이지를 비스듬히 읽어나가는 속독법으로도 충분히 이해할 수 있다고 주장하는 사람이 있는데 개인적으로는 그다지 신뢰가 가지 않는다. 초보자로서는 매우 위험하고 비능률적인 독서법이다.

필요하다는 판단이 서서 읽기 시작했는데 읽다 보니 그럴 필요가 없을 것 같다는 후회가 생길 수도 있고, 또 너무 어려워서 무슨 말인지 이해가 안 되는 경우도 있다. 그럴 때는 중간에 포기할 수밖에 없다. 이런 문제까지 충분히 고려한 후 독서법으로서 내가 실천하고 있는 기술은 다음과 같다. 우선 처음부터 끝까지 읽은 책에 대해서만 '읽었다'고 말한다. 일부만 읽었을 경우에는 '읽었다'고 말하지 않는다. 책을 '보았다'라고 말한다. 그리고 당연한 이야기겠지만 단순히 '보았다'라는 책에 대해서는 비평하지 않는다.

그러나 세상에는 '본 것'만으로도 책에 대해 왈가왈부하는 사람들이 많다. 한 번이라도 책을 써본 사람들은 누구나 공감하겠지만 신문, 잡지 등에서 나의 책을 비판, 인용, 소개해놓은 것을 보면 과연 이런 기사를 쓴 사람이 내 책을 다 읽어보긴 한 것인지 의심스러울 때가 한두 번이 아니다. 개중에는 내가 쓴 의도와 정반대로 책을 소개하거나, 완전히 엉뚱한 대목에서 인용하고 있다. 즉 기자처럼 전문화된 지적 작업에 종사하는 사람들 중에도 독서의 기초 훈련이 제대로 이루어지지 않은 사람이 많다는 반증이다.

확인 기록과 독서 카드

한 권의 책을 확실하게 읽었다면 스스로에게 이를 확인시키는 작업을 병행하는 것이 좋다. 독서 경험을 정착시키는 데 큰 도움이 된다. 우선 확인 사항은 두 가지다. 첫 번째는 이 책을 확실하게 읽었다는 것, 두 번째는 내가 읽은 책은 분명히 이 책이다, 라는 점이다. 이 두 가지는 언뜻 똑같은 이야기처럼 들리지만 작업으로서는 별개이다. 나는 다음과 같이 이 두 가지 작업을 실천하고 있다.

첫 번째 작업은 이 책을 읽었다는 것을 확인하기 위해 책 어느 한쪽에 그 같은 사실을 기록한다. 책에 뭔가를 적기가 싫다고 말하는 사람도 있는데 다행히도 나에겐 애서愛書 취미가 없다. 돈 주고 산 것이든, 선물로 받았든 한 권의 책이 내 손에 들어왔을 때는 무조건 책 뒤에 사인을 해둔다. 그리고 언제 샀다, 누구로부터 선물 받았다 등을 기록해둔다. 그리고 나중에 완전히 독파한 후에는 몇 년, 몇 월, 며칠에 다 읽었다, 라고 기록한다. 끝까지 다 읽은 후 이런 내용을 기록할 때는 일종의 쾌감이 느껴진다. 아쉽게도 내가 가진 책 중에는 여전히 보기만 했을 뿐, 언제까지고 기록을 받지 못하는 책도 있다.

두 번째, 내가 읽은 책은 이 책이다, 라는 것을 확인하는 작업으로 독서 카드를 만들고 있다. 독서 카드는 옛날부터 많은 사람들이 실천해온 방법이다.

카드에 대해서는 이번에도 교토대학형 카드를 사용했다. 저자명, 제목, 발행연도, 출판사, 페이지 수 등을 기록한다. 마지막으로 몇 년, 몇 월, 며칠에 다 읽었다, 라고 기입한다. 이것으로 끝이다. 감상이라든지, 그 밖에 마음에 드는 구절 등은 이 카드에는 절대로 쓰지 않는다. 감상이나 정보를 기록해둘 필요가 있을 때는 새로 카드를 만든다. 그에 대해서는 나중에 다시 설명하기로 한다.

나의 독서 이력서

독서 카드의 효능은 여러 가지가 있다. 도서관에서 빌려 읽었더라도 카드는 남는 것이므로 필요한 경우 저자와 발행연도를 즉시 검색할 수 있다. 어쨌든 이런 카드들이 모여 나만의 독서 이력서가 된다. 내가 주로 어떤 분야의 책을 읽었고, 어떤 저자에게 영향을 받았는지 한눈에 들어온다. 특히 나의 지적 활동에 대한 환상을 무너뜨려준다는 점에서 매우 도움이 된다. 연말에는 1년 동안 모인 독서 카드를 살펴보며 나의 지적 행보를 뒤돌아보곤 하는데 그 행적이 너무나도 빈약해서 때로는 어이가 없을 정도다.

솔직히 고백하면 책읽기를 좋아하는 성격은 아니다. 책을 읽지 않고도 살 수 있다면 그렇게 하고 싶다. 단지 필요에 쫓겨 억지로 읽어왔을 뿐이다. 나름대로 지식 분야에 종사하기 때문에 꽤 많은 책을 읽고 있다고 자부해왔다. 연말에 독서 카드를 세어보면 100매쯤 된다. 평균으로 따져서 일주일에 2권이 채 안 된다. 많은 달에는 열 권, 적은 달에는 세 권이다. 속독과 다독에 능력이 있는 사람이 아니라면 연간 100권이 일반인의 한계라고 본다.

잡지는 독서량에 포함시키지 않았다. 잡지라면 서명도,

독서 카드도 만들지 않는다. 그래도 잡지에 실린 논문 중에 확인을 필요로 하는 경우가 있기 때문에 이 또한 일정한 기준을 마련해둬야 하는 것이 아닌지 고민하고 있다.

한 번에 읽는다

책이라는 것은 한 번에 읽는 것이 좋은가, 아니면 조금씩 차분하게 읽는 것이 좋은가. 이것 역시 독서 기술로서 매우 중요한 문제이다. 내 친구 중에 작가인 고마쓰 사쿄 小松左京 씨가 있는데 이 친구는 놀랄 만한 독서광이다. 한번 읽기 시작하면 중간에 멈추지를 않는다. 걸어가면서도, 식사를 하면서도 계속 읽는다. 첫 페이지를 펼치면 마지막 페이지까지 다 읽어야 직성이 풀린다. 이와 반대로 하루에 조금씩 읽는 친구도 있다.

책마다 다르고 읽는 사람의 시간적 조건도 다르므로 이것이 옳다, 라고는 단정할 수 없지만 일반론을 이야기한다면 단숨에 읽어버리는 것이 이해라는 측면에서는 유리한 것 같다.

책을 쓴다는 것은 저자 입장에서 말하면 하나의 세계를

구축하는 작업이다. 그리고 책을 읽는다는 것은 저자에 의해 구축된 세계에 들어가는 행위이다. 그렇지 않고서는 책을 이해할 수 없다. 며칠에 걸쳐서 야금야금 읽는다면 지자가 구축해놓은 세계가 선명한 이미지로 떠오르지가 않는다. 그래서 이왕이면 단숨에 읽어버리는 것이 좋다.

하지만 단숨에 읽기 힘든 경우도 많고, 한 권의 책에만 집중하는 것도 꽤나 피곤한 일이다. 아까 소개한 다나카 미치타로 씨의 배합 요리론처럼 책 몇 권을 조합하여 평행하게 읽는 것도 하나의 방법이다. 나는 보통 두 가지 계열의 독서를 평행하게 진행한다. 하나는 자신의 전문 분야 및 그에 직접 관련 있는 책, 또 하나는 그다지 관련이 없는 분야들이다. 첫 번째 계열은 대체로 딱딱한 전문서가 많고, 두 번째 계열은 다소 가벼운 책들도 포함된다. 읽고 싶은 책은 처음부터 어느 한 계열에 넣어 순번을 기다린다.

밑줄을 친다

예부터 전해져오는 독서 기술 중 하나가 노트를 옆에 두고 적으면서 읽는 것이다. 읽어나가다가 필요한 문장을 발췌하거나 감상을 쓰라는 이야기인데, 나는 찬성하지 않는다. 조금씩 꾸준히 읽기를 권하지 않는 것과 같은 이유에서다. 뭔가를 적으면서 읽다 보면 속도가 느려진다. 그리고 문장이라는 세부적인 부분에 구애받기 쉬워서 책의 전체적인 전망을 놓치게 되는 수도 있다. 또 피곤해져서 끝까지 다 읽지 못하고 중간에 포기하고 싶은 유혹을 느끼기도 한다. 책 한 권을 처음부터 끝까지 읽기로 작심했다면 이처럼 '좌절'하기 쉬운 방법은 피해야 한다. 여러 정황을 살펴봤을 때 되도록 책 한 권을 처음부터 끝까지 한 번에 통독하는 것이 가장 현명한 방법이다.

읽다 보면 이건 중요하다, 기억하고 싶다는 대목을 만나게 되는 경우가 적지 않다. 그럴 때는, 이것도 옛날부터 전해져온 방법인데, 그 부분에 밑줄을 친다. 책을 다 읽은 후 밑줄을 쳐둔 부분만 발췌하거나 노트에 적는다.

밑줄을 칠 때 빨간색 연필 등을 사용하는 사람이 많다. 나는 2B 연필을 사용한다. 전차 안이든, 어디든 쉽게 사용할 수 있기 때문이다. 색연필이 아니더라도 2B 정도 굵기면 책장을 넘기다가 쉽게 밑줄을 찾아낼 수 있다.

때로는 이런 습관 때문에 곤란해지기도 한다. 2B 연필이 없이는 마음이 불안해서 책이 눈에 안 들어온다. 한 번은 기차를 타고 가면서 책을 읽다가 연필을 챙겨오지 않았음을 깨닫고 나도 모르게 당황한 적이 있다. 만년필 등의 펜 종류는 늘 갖고 다니지만 다음 페이지까지 비치기 때문에 밑줄을 치기에는 적합하지 않다.

밑줄 치기 외에도 빈 여백에 짧은 메모나 감상을 써본다. 이때도 연필이 제일 좋다. 독서에 도구가 필요하다는 점에서 이상한 생각이 들지도 모르지만 아무래도 연필만은 독서를 위해 불가결한 도구라는 생각이 든다.

독서 노트

이렇게 해서 한 권의 책을 다 읽었다고 치자. 즐거움이 목적인 독서라면 이미 목적은 달성되었으므로 더 이상 할 일이 없다. 책장에 꽂아놓거나 헌책방에서 다른 책과 바꾸면 된다. 그러나 '지적 생산 기술'로서의 독서, 즉 독서에서 어떤 도움을 받는 것이 목적이라면 읽는 것만으로 끝낼 수는 없다.

그렇다면 무엇을 해야 하는가. 이제부터는 노트를 작성

해야 한다. 내용은 무엇이든 상관없다. 전체를 요약해보는 것도 좋다. 감상과 비평도 좋다. 어떤 사람은 책의 맨 뒤쪽 여백에 자신만의 색인을 만들기도 한다. 그것도 하나의 방법이 될 것이다.

나는 특별히 정해놓고 쓰지는 않는다. 생각나는 대로 이것저것 다 쓰고 있다. 내용에 대해서는 나중에 다루기로 하고 우선은 쓰는 방식부터 설명하기로 한다. 책을 다 읽고 난 후에는 다시 처음부터 살펴본다. 연필로 밑줄을 친 곳만 다시 읽어본다. 그리고 왜 이 문장에 밑줄을 쳤는지 곰곰이 생각해본다. 단순히 내용 이해를 위해 밑줄을 친 것일 수도 있고, 문장 표현이 마음에 들어서 밑줄을 친 것일 수도 있다. 여러 가지 케이스를 살펴본 후 이 대목은 노트해둘 가치가 있다고 생각될 때 옮겨 적는다.

노트라고 표현했지만 나의 경우에는 역시 카드이다. 이 때도 1매당 1항목이라는 원칙은 반드시 지킨다. 카드 상란에 내용을 한 줄로 요약해서 적고 그 밑에 저자, 표제 및 해당 페이지를 기록한다. 책에 대한 상세한 정보(출판사 및 발행연도)는 독서 카드에 이미 기록했으므로 여기에까지 적을 필요는 없다.

이 방법은 정말 필요한 부분만 취사해서 자료로 남겨둘 수 있다는 장점이 있다. 책을 읽으면서 그때그때 노트를 작성해나가면 쓸데없이 길어진다. 카드를 사용함으로써 그 폐단에서 벗어날 수 있다. 이렇게 만들어진 카드는 더 이상 독서 노트가 아니다. 독서 노트로서의 제약을 초월해 다른 카드와 함께 새로운 지적 생산의 소재로 이용된다.

책 한 권을 읽으면 보통 3장에서 30장까지 카드가 만들어진다. 어떤 책이든 배울 만한 내용이 있지만 경우에 따라서는 카드를 단 한 장도 작성하지 못할 때가 있는 것도 사실이다.

책은 두 번 읽는다

책 읽기에는 정독, 다독과 함께 '읽지 않고 쌓아두는 취미'를 가지고 있는 사람도 있다. 서가나 책상 위에 읽지도 않은 책을 그냥 쌓아두기만 하는 것이다.

그런데 나는 이 '책을 쌓아두는 취미'를 적극적으로 옹호하는 입장이다. 읽지 않고 쌓아두기는 곤란하지만 한 번 읽고 나서 쌓아두기에는 찬성이다. 완독 후 중요한 내용에 연필로 밑줄 친 책을 책상 위에 둔다. 방금 설명한 밑줄 친 부분을 노트로 옮겨 적는 건 당장 시행하기보다는 며칠 후, 아니면 몇 주일 후에 해보기를 권한다. 그때까지 책은 책상 위에 그냥 올려놓는다.

처음에는 밑줄 친 부분을 노트로 옮길 시간이 없어서 다 읽은 책을 책상에 놔뒀을 뿐인데, 이런 습관이 생기고 보니 지적 생산에 도움이 된다는 것을 알게 되었다. 읽은 직후보다 책에 대한 인상이 엷어져 책 내용에 훨씬 냉정하게 접근할 수가 있었다. 의식하지 않고서도 밑줄 친 부분 중에서 꼭 필요하다고 생각되는 대목만 노트하게 된다. 노트를 끝마친 책은 다시 책장에 꽂아 보관한다.

쉽게 말해 책 한 권을 두 번 읽는 셈이 된다. 무엇보다 두 번째 독서는 매우 능률적인 효과를 보여준다. 짧은 시간을 투자하여 주요 대목을 보다 확실히 파악할 수 있게 되었기 때문이다. 두 번째 독서에서 눈에 들어오는 내용이야말로 진짜 중요한 가치를 지닌 정보다. 또 전체적인 문맥도 한눈에 들어오는 이점이 있다. 예로부터 여러 번 읽어야 책 내용이 분명하게 이해된다는 설이 진실처럼 여겨졌는데, 이는 책이 적었던 시절의 이야기다. 오늘날처럼 많은 책을 읽어야 되는 시대에 책 한 권을 여러 번 읽는다는 건 시간 낭비다. 그러나 여러 번 읽을수록 책의 내용이 더 많이 이해되는 것도 사실이다. 그래서 두 번 읽기를 실천하고 있다.

책은 이중으로 읽는다

이번에 소개할 기술이 어느 정도로 보편성이 있는지는 모르겠으나 나로서는 중대하기 때문에 짚고 넘어갈까 한다. 내가 책에 밑줄을 치는 경우는 두 가지로 나눠볼 수 있다. 첫 번째는 이 대목이 중요하다고 생각했기 때문이며, 두 번째는 단순히 흥미가 생겨서다.

'중요한 부분'이란 이 책을 이해하기 위한 열쇠가 된다, 혹은 저자의 생각이 압축되어 나타나고 있다고 생각되는 부분이다. 쉽게 말해 그 책에서 가장 핵심적인 대목이다. 또는 '책을 쓴 저자가 가장 중요하게 생각하는 대목'이다. 앞서 저자의 입장에서 책을 읽어야 된다고 말했는데 '중요한 부분'에 밑줄 치기야말로 저자 입장에서 책을 읽는 독서법이라고 하겠다.

그런데 책을 읽다 보면 본 줄거리와는 그다지 관계가 없지만, 또 저자가 특별한 의미를 부여하지는 않은 대목이지만 상당히 흥미롭게 읽혀 밑줄을 치게 되는 경우가 적지 않다. 여기서 느끼는 흥미는 전적으로 나만의 흥미로움이다. 만일 저자에게 내가 흥미롭게 읽은 부분을 보여준다면 왜 여기서 흥미가 생겼는지 이해가 안 된다는 표정을 짓게 될지도 모른다.

중요한 부분과 흥미로운 부분의 구별은 책을 이중으로 읽었다는 반증이다. 첫째는 저자의 구성을 따라간 것이며, 둘째는 나만의 고유한 판단으로 책을 이해한 것이다. 이 둘은 별개의 책읽기다.

흔히 책은 비판적으로 읽어야 된다고 말한다. 이것이 과연 올바른 책읽기인지는 잘 모르겠다. 책을 읽으면서 비판거리를 찾으라는 것인지, 아니면 저자의 생각과 의도를 비판하라는 것인지 잘 모르겠다. 그럴 바에야 뭐하러 책을 읽나, 라는 생각마저 든다. 비판하기보다는 감탄하면서 읽는 편이 자신에게는 훨씬 유리하다. 대신 감탄을 하되 저자의 생각만 따라가면서 감탄할 것이 아니라 저자의 의도와는 상관없이 나의 의도대로 내게 맞는 대목을 찾아가며 읽는다. 저자가 대수롭지 않게 쓴 한 줄의 문장이 시발점이 되어 나만의 독창적인 아이디어와 발견을 이룩해내야 한다는 뜻이다. 즉 한 권의 책을 다 읽었을 때 내 머릿속에는 저자가 의도한 책의 내용과 책을 읽는 도중에 내가 멋대로 공상하고 의미를 부여한 또 다른 내용이 함께 공존하고 있다.

이런 현상을 심리학적으로 어떻게 설명해야 되는지는 모르겠지만 '책을 이중으로 읽는다'라는 표현으로 해석해주기를 당부드린다.

창조적 독서

이번에는 독서 노트의 내용에 대해 생각해보자. 책을 다 읽었다. 이제 남은 것은 노트에 뭔가를 기록하는 것뿐이다. 무엇을 쓸까. 내 경우를 예로 들자면 카드에 메모나 발췌 등으로 기록하는 것은 전부 두 번째 책읽기이다. 즉 저자의 의도가 아닌, 내가 흥미롭게 여긴 부분이며, 저자에게 중요한 대목은 일절 적지 않는다. 왜냐하면 저자가 구성한 문맥은 그 책 자체라고 볼 수 있으며, 이미 현물로 존재하기 때문이다. 저자의 의도를 따라가면서 노트를 하게 되면 결과적으로 책 한 권을 요약한 데에 지나지 않는다. 쓸데없는 짓이다. 차라리 필요할 때 한 번 더 읽어보는 게 낫다.

'나의 문맥'은 지리멸렬하면서도 순간적인 번뜩임으로 이루어져 있다. 그 번뜩임을 캐치해내는 것이 중요하다. 책을 읽다가 밑줄을 치는 이유는 그 문장을 읽었을 때 뭔가 번뜩였기 때문이다. 그 번뜩임이 매우 중요하다고 생각된다면 여백을 이용해 무엇을 느끼고 어떤 생각이 들었는지 짧게나마 기록해둔다. 물론 이런 종류의 착상과 연상은 번갯불을 닮아서 밑줄을 치고 여백에 몇 자 적어놔도 나중에 읽어보면 내가 왜 여기다 밑줄을 치고 이런 말을 써놨는지 아리송할 때가 많다.

그러나 이것도 훈련이다. 이런 과정을 반복해서 경험하다 보면 새로운 아이디어의 촉매제로 활용할 수 있는 기회가 늘어난다.

독서의 핵심은 저자의 의도를 파악함과 동시에 책에 대한 이해를 바탕으로 지식의 스펙트럼을 넓히는 데 있다. 보다 넓혀진 지식의 스펙트럼에서 현재 내가 필요로 하는 새로운 아이디어와 사상을 개발하고 육성하는 능력의 성장, 이것이 독서의 목적이다.

저자에게는 약간 미안한 마음도 들지만 나에게 책은 미끼에 불과하다. 이 미끼를 잘 활용해서 내 머릿속의 물고기를 낚아채기 위해 책을 읽는다. 내 머릿속을 유유히 떠도는 물고기는 내가 인식하지 못하고 있는 나만의 개성적인 아이디어들이다. 독서의 즐거움을 향락하는 기분도 좋지만 이런 독서는 단순히 소비적일 뿐이다. 우리가 원하는 기술은 생산적 독서법의 터득이다. 이러한 독서는 곧 창조적 행위라고 볼 수 있다. 이를 저자와의 관계에서 말하자면, 추종적이고 비판적인 독서에 비해 창조적 독서라고 해야 마땅할 것이다.

인용에 대하여

이번에 설명할 주제도 일반성이라는 관점에서 약간 의문이 들지만 나로서는 꽤 중요하기 때문에 언급하기로 한다. 책에 대한 인용이다.

언제부턴가 나에 대한 소문 중 '저 사람은 웬만해서는

책을 읽지 않는다'라는 이야기가 떠돌기 시작했다. 신문 인물평에도 그렇게 나왔고, 직접 대면했을 때도 이런 말을 들은 적이 있다. 하지만 직업상 나는 책을 읽을 수밖에 없다. 읽기 싫어도 읽어야 한다. 그런 사정을 뻔히 알면서 왜 책을 안 읽느냐고 물어본다면 난감한 표정을 숨기지 못한다. 이런 소문이 돌게 된 책임은 물론 나에게 있다. 예전에 어떤 책에서 '책을 좋아하지 않는다'라고 썼기 때문이다. 그러나 살다 보면 싫어하는 일도 해야 되는 상황이 많다.

사람들이 나를 오해하게 된 데에는 다른 이유가 또 있다. 내 책을 보면 다른 책에서 인용한 대목이 상당히 적다. 학술 논문도 마찬가지다. 논문을 쓸 때도 여간해서는 다른 사람의 연구 실적을 인용하지 않는다. 내가 이과 계열이어서 그런지도 모르겠다. 문과 계열 연구자들이 논문을 한 편 쓰려면 상당히 많은 참고 문헌과 인용이 표시되곤 하는데 솔직히 논문과는 그다지 관계가 없어 보이는 일반적인 책도 많다. 마치 자신의 독서량을 자랑하려는 시도처럼 보인다. 나의 편견일지도 모르겠다. 하지만 나로서는 그런 흉내를 낼 자신이 없다. 특히 이과계 논문은 자신의 연구 결과가 주된 실적이므로 실제 참고한 문헌들만 인용한다. 그래서 대부분 인용 문헌이 적다.

인용 문헌이 적을수록 공부를 하지 않았다고 생각하는 시대상도 문제다. 일종의 미의식이랄까. 남의 책을 많이 읽은 경험이 곧 공부라는 관점이 사회적으로 널리 퍼져 있어, 자신이 읽은 책을 자랑하는 처세가 학자들 사이에서 비일비재하다. 연구라고 하면 누구누구의 책을 읽고 얼마나 많이 인용하는가에 따라 성과가 달라진다고 생각하는 연구자들을 보면 안타까울 때도 많다. 어떤 사람은 아예 처음부터 타인의 책을 인용할 작정으로 논문을 쓰기도 한다. 앞에서도 설명했지만 내가 생각하는 독서는 저자의 생각을 미끼로 이용하는 행위이다. 책을 읽다가 밑줄을 치고, 밑줄 친 것을 바탕으로 카드를 작성하는 기술은 저자의 사상을 인용하기 위해서가 아니라 저자의 사상을 미끼로 나만의 생각을 낚기 위해서다. 따라서 아무리 책을 많이 읽었다고 해도 논문이나 책을 쓸 때 다른 사람이 쓴 글을 인용하기가 쉽지 않다.

수많은 책을 읽고 종횡으로 인용해가며 무엇인가를 설명한다. 언뜻 학문적으로 현란하게 생각되지만 실은 생산적인 방식과는 거리가 멀다. 내가 책을 읽는 이유는 뭔가를 '말하기' 위해서가 아니다. 오히려 '말하지 않아야 될 것'을 알아두기 위해서다. 누군가 책에서 쓴 내용이라면 이미 다른 사람도 그렇게 생각하고 있으므로 굳이 내가 되풀이해서 쓸 필요는 없다. 그래서 책을 읽다가 나도 이런 생각을 했는데, 라는 구절이 나오면 다음부터는 절대로 이와 비슷한 내용을 언급하지 않는다. 책 한 권을 읽을 때마다 내가 해야 할 말은 점점 줄어드는 것이다. 나의 논문이나 저서에서 다른 사람의 책이 인용되지 않는 이유다. 개인적으로는 많은 책을 인용한 논문과 책이야말로 부끄러운 행태다. 그만큼 타인의 언설을 따라하고 있다는 뜻이기 때문이다. 나는 창조성이 떨어지는 인간이다, 라고 세상에 떠들어대는 자가당착과 다름없다고 생각한다.

그러나 책이라는 매체는 종류가 다양하다. 나만의 창조물이라고 생각했는데 누군가가 나보다 먼저 세상에 내놓았는지도 모를 일이다. 이 책만 하더라도 내가 모르고 있을 뿐이지 비슷한 내용의 책이 이전부터 존재했을 수도 있다. 그런 생각을 하면 정말 몸이 오그라드는 기분이다.

제7장
펜에서 타이프라이터로

쓰다

'읽기'에 이어 이번에는 '쓰기'에 대해 생각해보기로 한다. 지적 생산의 기술로서 읽는 기술보다 쓰는 기술이 훨씬 문제점이 많다. 일반적으로 읽기보다 쓰기가 어렵고 시간도 더 오래 걸리는 것은 말할 나위가 없다. 특히 일본어는 '문어文語' 면에서 문제점이 많다.

근대 일본어는 여러 가지 점에서 많은 변화를 겪어온 언어인데, 특히 '문어'에서 그 현상이 두드러진다. 쓰인 글을 비교해보면 1세기 전의 문장과 지금 문장이 과연 같은 언어인가 싶을 정도이다. 게다가 그 변화는 2차 세계대전 후에 더욱 심해진다. 현재도 여전히 진행 중이다.

이렇게까지 극심한 변화 속에서 근대 일본어가 문어적 측면에서 완성에 이르렀다고는 도저히 생각할 수가 없다. 오래전의 문제점이 해결되지 않은 채 이어지고 있다. 예를 들자면, 근대 일본의 표기법은 매우 불안정하다. 이는 글을 쓸 때의 기준이 되는 맞춤법이 없기 때문이다. 현대 문명어로서 맞춤법이 없다는 것은 비슷한 예를 찾기 힘들다. 이러한 상황을 감안하면 앞으로 어떻게 변화할지 예상이 어렵다.

필자는, 이 격동의 시대 한가운데에서, 자신만의 '문어' 형성을 이루지 않으면 안 되었던 세대다. 그런 만큼 일본어의 변화와 문제점을 자기자신의 변화와 문제점으로서 인식해왔던 듯하다. 다양한 움직임과 흐름을 눈앞에서 목격하며 스스로가 그 소용돌이에 휘말리기도 하였다. 그러한 체험을 돌아보며 일본 문명의 대변혁기에 있어, '쓰기' 기술의 변화와 문제점에 대해 생각해보고자 한다.

필묵 평론

먼저 쓰는 도구에 대해 이야기해보자. 옛날에 비해 크게 바뀐 상황은 붓을 쓰지 않게 되었다는 점이다. 내가 어렸을 때만 해도 붓으로 편지를 쓰곤 했다. 장부도 붓으로 기록하는 사람이 많았다. 지금은 찾아보기 힘든 풍경이다. 나는 이 세대의 사람치고 붓을 꽤 애용해온 편인데, 지금은 옛날의 향수가 떠오를 때마다 붓을 꺼내보는 정도다.

나는 붓의 상표에는 관심이 없지만, 옛날 문화인은 문방구에 대해 상당히 까다로웠다. 중국에서는 오래전부터 문방구에 대해 품평했는데, 예를 들어 벼루는 단계端溪를 써야 한다느니, '호필휘묵湖筆徽墨'이라 하여 절강성 호주의 붓과 휘주의 먹이 으뜸이라느니 하며 상투적으로 썼던 말도 생겼을 정도다. 이러한 풍조가 일본에도 들어와 일본 문인의 묵객들도 이러쿵저러쿵 필기도구에 대한 논평을 즐겼던 것이다.

이 풍조는 현재에도 이어진다. 품평 대상이 만년필로 바뀐 듯한데, 글을 쓰는 사람들 중에는 만년필 전문가가 많다. 몽블랑이 어떻다느니, 파커가 어떻다느니, 하면서 내 귀에는 번거롭게 들리는 이야기들만 주고받는다. 그야말로 오늘날의 '호필휘묵'이다. 음식 평론 및 여행 평론과 같이 이것은 필묵 평론이라고 해야 될 것이다.

나는 붓이든 만년필이든 상표에는 관심이 없다. 잘 써지기만 하면 그만이다.

연필에서 만년필로

만년필을 사용하기 시작한 것도 불과 몇 해 전부터다. 그 전에는 사용하지도 않았다. 때때로 연필로 원고를 쓰는 사람이 있는데 내가 그랬다. 그러다가 무슨 바람이 불었는지 원고를 쓰다가 갑자기 만년필이 쓰고 싶어져서 연필을 내려놓고 만년필과 잉크를 사러 나갔다. 사용해보니 생각보다 좋았다. 그래서 현재까지 모든 원고를 만년필로 쓰고 있다.

내가 연필에 얽매였던 이유는 초등학교 시절의 습관 때문이 아니었나 생각된다. 만년필로 전향하기를 잘 했다고 생각한다. 연필로 쓰는 이점을 생각해보면 아무것도 없다. 연필로 원고를 쓸 때 잘못 쓰면 지우개로 지운다. 원고지를 더럽히지 않고 수정할 수 있다는 것은 장점이지만 책상에 지우개 찌꺼기가 돌아다닌다. 또 연필을 수시로 깎아야 한다. 여행 때도 연필 깎는 칼을 가방에 넣고 다녔다. 서재에는 전동식 연필깎기도 갖다 놓았다. 이렇게 귀찮은 일이 만년필로 전향하면서 모두 사라졌다.

무엇보다도 원고를 생각하면 연필에서 만년필로 바꾸기를 잘 했다는 생각이 든다. 편집과 인쇄업자의 이야기를 들어보니 연필로 쓴 원고만큼 골치 아픈 것은 없는 모양이다. 읽기도 힘들고 지우개 자국 때문에 잘 안 보인다고 한다. 그런 것도 모르고 오랫동안 편집자들에게 폐를 끼쳐온 것이다.

문자의 미학과 윤리학

다른 사람에게 편지를 보낼 때는 대부분 손수 펜을 든다. 연필로 쓰는 사람도 거의 없거니와 막상 연필로 쓴 편지는 정성이 부족한 것처럼 보인다. 그래서 연필로 원고를 쓰던 시절에도 편지만큼은 펜을 이용했다. 그런데 이 펜글씨가 꽤 어렵다.

옛날 사람들이 붓을 사용했던 것보다는 쉽겠지만 가느다란 펜촉으로 글씨를 보기 좋게 쓰기란 쉬운 일이 아니었다. 내가 쓴 편지를 보고 글씨가 마음에 든다고 생각해본 적이 거의 없다. 정성껏 깨끗하게 쓴 편지를 받았을 때는 답장을 쓰기가 싫어졌다. 혹시라도 내 보잘것없는 글씨를 보고 상대가 기분 나쁘게 생각하지나 않을까 걱정이 되기도 했다. 계속 그런 생각을 하다 보니 편지 쓰는 횟수가 줄어들었다.

붓글씨는 물론이고 일반 펜글씨도 미적 감상의 대상이 된다. 그뿐만 아니라 필적은 인품을 반영한다는 고정관념도 있다. 그 때문에 글씨가 윤리적 비평의 대상이 되기도 했다. 손수 기록하는 이력서만 해도 회사 측에서는 필적을 통해 그 사람의 인물됨을 어느 정도 판단하는 것도 사실이다.

　이런 현실을 생각하면 점점 더 글씨 쓰기가 싫어진다. 미적, 윤리적인 입장을 떠나서 최소한 필적이 개성을 띠고 있다는 현실만큼은 피하기 어렵다. 내가 쓴 글씨는 타인의 글씨와 금방 구별된다. 일종의 분신인 셈이다. 나는 이 분신이 마음에 안 들었다. 외국에서는 편지든 무엇이든 타이프라이터로 두들겨버리기 때문에 개성이랄 것도 없다. 문득 나도 그렇게 하면 되지 않는가, 라는 생각이 들었다. 편지든 무엇이든 기계로 두드린다. 펜 대신 타이프라이터를 사용하는 것이다.

　일반적으로 타이프라이터라는 기계를 사무 능률이라는 측면에서만 생각하려는 경향이 강하다. 이와는 약간 다른 미학적인 문제로 접근할 수도 있겠다는 생각을 해보았다.

타이프라이터를 쓰기 시작하다

　어느 날 갑자기 앞으로는 영문 타이프라이터를 사용해야겠다는 대단한 결심으로 시도한 변화는 아니었다. 고등학생 시절부터 나만의 전용 타이프라이터가 있었다. 레밍

턴에서 나온 포터블 구형이었는데 고장이 안 나서 그럭저럭 10년 정도 애용했다. 고등학생에게 타자기가 무슨 실용적인 목적이 있었다고는 말하지 않겠다. 장난감과 비슷했다. 장난감치고는 꽤 비싼 값이었지만 다른 오락에 빠져 허우적거리기보다는 낫다고 생각하셨는지 아버지가 선뜻 사주셨다. 지금은 국산 중에도 싸고 좋은 제품들이 많이 보급되어 있다. 특히 '학생용'으로 출시된 제품들도 많으므로 나이를 불문하고 누구나 쉽게 구할 수 있다.

내 소유라는 생각에 타이프라이터를 처음 본 순간부터 호감이 생겼다. 독학으로 타이피스트용 연습서를 독파하면서 제법 빠른 속도로 깨끗하게 칠 수가 있었다. 타이프라이터의 문자는 누가 치더라도 똑같다. 개성을 따질 필요가 없다. 하얀 백지에 검은 활자가 물 흐르듯이 찍히는 것을 볼 때마다 기분이 황홀해졌다. 그리고 쓰는 사람의 버릇이 발견되지 않는 개성 없는 아름다움에 흠뻑 빠졌다.

처음에는 영어나 독일어를 주로 쳤다. 학교 공부 외에도 잡지 발췌본을 만들거나, 이것저것 용도가 있었다. 그러다가 일대전환이 찾아왔다. 타이프라이터로 일본어를 치기 시작한 것이다. 물론 타이프라이터 문자는 그대로였기 때문에 일본어라고 해도 로마자로 쓰는 일본어에 불과했다.

손으로 쓰는 것에서 멀어지다

앞서 타이프라이터에 대한 미학적 접근에 대해 설명했지만 그렇다고 능률을 배제하자는 뜻은 아니다. 손으로 쓸 때보다 빠르다는 능률도 중요하지만 그와 더불어 타이프라이터를 쓰는 것이 훨씬 편하다. 손으로 쓴다고 해도 손으로만 쓰는 것은 아니다. 결과적으로 온몸을 활용해야 한다. 몸과 마음에 상당한 긴장이 필요하다. 그에 비하면 타이프라이터야말로 정말 손가락 끝으로 이루어지는 노동이다. 전동 타이프라이터는 세게 누를 필요가 없어서 피로도 거의 없고 글씨체도 보기 좋다.

외국에서는 대체로 타이프라이터를 애용하고 있다. 그만큼 한 사람 몫의 능률이 올라가기 때문이다. 현대적인 고도 문명국가에서 손으로 글씨를 써야 한다는 고집은 과거에 대한 집착이며, 원시적인 방법이다. 개인적인 습관의 차이는 있어도 결국에는 기분 탓이다. 여러 가지 문서 정리법과 사무 능률을 증진시킬 수 있는 방법을 고안해내도 글씨를 쓴다는 과정은 귀찮을 수밖에 없다. 그러나 글씨를 쓰는 과정 없이 지적 생산은 이루어지지 않는다. 결국 지적 생산에 앞서 어떻게 해야 글씨를 쓰는 귀찮은 작업을 보다 간편화시킬 수 있느냐, 라는 문제를 선결해야 한다. 그 최고의 방법은 타이프라이터밖에 없다고 확신한다.

로마자론의 전통

로마자 국자國字론 혹은 로마자 운동은 메이지 시대 초기부터 있었다. '일본어를 로마자로 쓰자', '로마자를 일본의 국자로 삼자'를 외치는 운동이다. 일본의 지구물리학과 항공물리학을 키운 부모 같은 존재로 유명한 다나카다테 아이키쓰田中館愛橘 박사가 오랫동안 그 중심인물이었다. 이 사람은 귀족원 의원이었지만, 의회에서 매번 로마자론을 강조했다. 다나카다테 박사의 제자로 똑같이 물리학자로서 유명한 다마루 다쿠로田丸卓郎 박사의 로마자론이 그 뒤로도 오랫동안 이어졌다.

내 고등학교 동급생으로 가와네 마코토河根誠라고 있다.

그 친구는 후에 교토대 공학부 교수가 되었는데, 전직하여 제국화공帝国化工의 사장이 되었다. 기술자로서, 실업자로서 활약하였는데, 그가 나의 로마자 선생이었다. 그에게서 다마루 박사의 명저『로마자 국자론』을 빌려 읽어보았다. 그러나 나는 고등학교 시절은 가와네의 끈질긴 노력에도 불구하고 로마자주의자는 되지 않았다. 내가 다녔던 고등학교에서는 '로마자회'라는 문화 단체가 있었고 꽤 활발히 활동하는 듯했지만, 나는 가입하지 않았다. 로마자에 열렬히 빠진 것은 대학을 졸업한 후였다.

대학에서는 나의 은사인 동물생태학의 미야지 덴자부로宮地伝三郎 선생님이 젊었을 적부터 일본어를 로마자로 쓰는 분이었다. 선생님이 다니던 고등학교가 있는 오카야마岡山는 오래전부터 로마자 운동이나 에스페란토 운동이 활발했었고, 그 여파로 '언어 개혁 운동'의 아방가르드가 많이 배출된 지역이기도 하다. 미야지 선생님도 아마 그 영향을 받았을 것이다. 선생님의 대학 시절 노트가 전부 로마자로 되어 있다고 하니, 그 열정을 짐작하고도 남는다.

전쟁이 끝나고 얼마 안 되어, 나는 가와네와 함께 로마자 잡지를 내기 시작했다. 1947년 8월의 일이다. 잡지명은『Saiensu』였고, 전부 로마자로 표기한 학술 잡지였다. 로마자로 쓰는 일본어를 적극 실천하여 단기간에 확립하려고 했다. 지금 생각해도 상당히 결의에 찬 기획이었다. 많은 과학자들의 지지를 얻어 매호 원고는 부족함 없이 들어왔다. 하지만 잡지는 3호까지만 냈다. 일본어 역사에 있어, 기념할 만한 이 용감했던 잡지도 출판사가 부도나는 바람에 같이 폐간했다.

단어 선택과 띄어쓰기

매일 타이프라이터로 로마자 일본어를 치면서 일본어 문장 쓰기에 관하여 매우 중요한 점을 몇 가지 익혔다. 그것은 처음에는 전혀 예상하지 못한 효과였다.

첫 번째로 단어 선택이 신중해졌다. 로마자는 표음문자이므로 어려운 한자어를 많이 쓰면 의미가 통하기 어려워진다. 그래서 되도록 귀로 듣고 바로 이해할 수 있는 단어를 쓰게 된다. 그 결과, 내 문장의 문체가 완전히 바뀌어버렸다. 이시카와 다쿠보쿠石川啄木가 로마자 일기를 쓴 것은 유명하다. 이와나미서점판의『다쿠보쿠 전집』에 그 전문이 실려 있는데, 간결하고 박력이 있다. 구와바라 다케오 선생이 말하길, 다쿠보쿠의 문장은 이 로마자 일기 이후에 매우 좋아졌다고 한다. 잠깐이라도 로마자 일본어 쓰기를 실행해보는 것은 문장 훈련으로 매우 유용하다고 나는 생각한다.

두 번째로는 일본어 띄어쓰기를 할 수 있게 되었다는 점이다. 보통 한자가 섞인 문장은 단어별로 나누어 쓰지 않지만, 로마자의 경우 띄어쓰기가 없으면 읽을 수가 없다. 단어 하나하나를 띄어서 적어야 한다.

실제로 어느 부분에서 어떻게 띄어 적어야 할지는 어려운 문제다. 그에 대해서는 '일본 로마자회' 등에서 오랫동안 연구를 해왔다. 예를 들어 다마루 다쿠로 박사의 『로마자문의 연구ローマ字文の研究』는 그 문제에 대해 기술한 책으로 다마루 문법을 확립한 명저다. 나는 그것을 철저히 배웠다. 후에, 지금은 도쿄대 교수가 된 언어학자 시바타 다케시柴田武가 다마루 문법보다 더욱 일본어 구조에 적합한 띄어쓰기 문법을 개발했다.

아무튼 타이프라이터로 로마자 일본어를 치면서 일본어에 대해 더욱 잘 알게 되었다는 점은 확실하다. 묘하게도, 글자를 쓰기 위한 도구로서 가장 전통에서 먼 타이프라이터 덕분에 오히려 난 일본어의 전통에 깊게 다가선 것 같은 느낌이 든다.

문자 혁명의 시도

고서점에서 기묘한 책을 발견해 사왔다. 『한자를 대신하는 신일본 문자와 그 철자법漢字に代はる新日本文字とその綴字法』이라는 책으로, 판권을 보니 1919년 발매다.

내용을 살펴보니 매우 혁명적이다. 일본어 글을 쓰기 위해 새로운 문자를 만들어낸 것이다. 기본적인 문자 수는 75개로 그 외 특수 문자가 몇 개 더 있다. 음절문자인데, 형태는 로마자와 비슷한 것도 있고 헤브라이 문자나 음성 기호와 비슷한 것도 있다. 문자 형태의 기원을 읽어보니 가타카나, 히라가나를 변형시킨 것도 적지 않다.

이 문자들을 가지고 일본어 문장을 쓰고 또한 일본어 문법을 설명하는데, 놀랍게도 일본어 명사에 성별과 수의 구분을 도입하였다. 후기를 보니 상하권으로 되어 있고, 하권은 종래의 국어문전国語文典에 메스를 가하여 예를 들어가며 지적한다는 예고가 있다. 나는 상권밖에 없고 하권은 발매됐는지 여부도 모른다. 이 혁명적인 연구가가 후에 무엇을 이루었는지 전혀 아는 바가 없다.

그 후, 1961년부터 '새로운 문자회'라는 단체에서『새로운 문자新しい文字』라는 제목의 월간 잡지를 받아 보게 되었다. 이 단체가 주장하는 바는, 새로 만들어낸 음절문자를 가지고 일본어 문장을 표현하자는 것이다. 그 문자들은 총 100자 정도로 로마자와 닮은 것이 많으며, 그리스 문자와 비슷한 것도 있다.

이 '새로운 문자'는 이시하라 시노부石原忍 선생이 고안한 것이다. 이시하라 박사는 유명한 안과 의사로, '색맹 검사표'를 발명한 사람이기도 하다. 일본인 근시를 연구하던 중에 문자를 쉽게 읽기 위한 문제에서 국자國字 문제로까지 관심이 확대되어 결국 '새로운 문자'를 만들어내기에 이른 것이다. 잡지는 매월 날라 왔지만, 1963년 1월호를 마지막으로 끊겼다. 그해 1월 3일 이시하라 박사가 돌아가신 것이다. 그후 그 운동이 어떻게 되었는지는 전혀 알수가 없다.

사라진 신자론

한자와 가나仮名(일본 히라가나와 가타카나를 일컫는 말-편집자 주)에 만족하지 않고 더욱 합리적인 문자를 만들어 일본어 문장을 표현하자는 생각은, 실은 이전부터 많이 있었다. 메이지 시대에도 여러 가지 안이 나왔다. 가나 글자를 다시 만들거나, 로마자를 변형하거나, 개중에는 신대神代문자로 만들어진 것도 있다. 이러한 생각들을 통틀어 '신자론新字論'이라고 불렀다. 앞서 소개한 이시하라 문자도 신자론의 일종이다.

신자新字를 고안하는 작업은 뭔가 인간의 정열을 묘하게 자극하는 신비한 매력이 있는 모양이다. 원래 국어국자 문제에 열심히 매달리는 사람은 광신적인 경향을 보이기는 하지만, 신자론자 중에는 더욱 격하게 문자 창조에 매진하는 사람들이 있었던 듯하다. 앞서 소개한 고서점에서 사왔던 책의 저자도 그렇고, 이시하라 박사도 40년간 신자를 고안해왔다고 한다. 그 신자 연구를 위해 월간 잡지까지 낸 것 자체가 경이롭다.

한자도 가나 글자도 일본어를 표기하기에는 여러 문제점이 있다. 따라서 더욱 합리적인 신자를 만들어내려는 발상은 충분히 이해가 가고, 글자를 들여다보면 합리적인 점도 분명 있다. 하지만 이 신자론자들은 그 새로운 글자들을 어떻게 일반 민중들에게 전파할 것인지에 대한 방법론적 측면에서는 부족한 점이 많다. 민중들은 보수적이고 귀찮아하는 측면도 있다. 현재 사용하는 문자가 불편하다고 해서 다른 새로운 문자로 바로 달려들거나 하지 않는다. 수많은 국어국자 개량운동 속에서 신자론은 현재로서는 실패했다는 것이 결론이다. 아무리 좋은 발명품이라도 보급되지 않으면 의미가 없다.

가나 문자론의 계보

일본의 국자國字 개량운동에는 신자론, 로마자론 외에도 또 하나 가나 문자론이라는 계보가 있다. 일본어를 가타카나 가로쓰기로 표기하자는 주장이다. 이 주장은 제1차 세계대전 이후에 눈부신 발전을 이룩한 오사카 상공업의 경영자들 사이에서 발생했고 성장했다. 이론적인 로마자 운동에 비해 매우 실제적인 내용을 담았다. 가나 문자 운동은 처음부터 타이프라이터 사용과 밀접한 관계가 있다.

타이프라이터를 사용하여 일본어 문자 쓰기의 효율을 일거에 수 배로 올리려는 시도였다. 타이프라이터로 시작하여 로마자라는 벽에 부딪혔던 내가 가나 문자 연구에 이르게 된 것은 어찌 보면 자연스러운 흐름이었다.

가나 문자 운동에는 재단법인 '가나 문자회'라는 견실한 조직이 있었다. 나는 그 지도자인 마쓰사카 다다노리松坂忠則 씨를 방문했다. 게다가 가나 문자 운동의 대선배인 이토 쥬베伊藤忠兵衛 씨도 만나보았다. 일대에 거대한 재벌이 된 실업계의 영웅이지만, 동시에 가나 문자 운동의 최대 추진자이기도 하다. 이 분들에게서 나는 가나 문자 운동의 역사와 이론을 자세히 배웠다. 선구자 야마시타 요시타로山下芳太郎가 미국 타이프라이터 제조회사 언더우드에 주문해서 처음으로 가나 문자 타이프라이터를 만들었다는 이야기 등을 매우 감동적으로 들은 기억이 난다.

가나 문자 타이프라이터

가나 문자 타이프라이터에는 이미 훌륭한 교과서가 만들어져 있었다. 구레하吳羽방적회사의 문서과장으로 있던

마쓰무라 신이치松村真一 씨가 만든 것이다. 이 분은 이토 쥬베 씨의 직계로 역시 가나 문자 운동의 중심인물 중 한 명이었다.

로마자에서 가나 문자로 전환하는 것은 기술적으로 어렵지 않다. 처음에는 일본어 로마자에 익숙해진 손가락이 멋대로 움직여 잘 표기하기가 힘들지만 1개월만 연습하면 금방 적응한다.

나는 편지를 전부 가나 문자 타이프라이터로 쳐보았다. 이번에는 로마자 때와 비교하여 평판이 매우 좋았다. 타이프라이터의 가나 문자는 특별히 설계된 자체字体를 사용하기 때문에 가로선이 잘 정돈되어 있어 보기에도 꽤 괜찮았다. 게다가 무엇보다 로마자보다도 훨씬 읽기가 수월했다. 드디어 사람들로부터 가나 문자 타이프라이터에 대한 질문을 받게 되었다. 그중에는 자신도 써보고 싶다는 사람도 점점 나타났다. 시인이자 시나리오 작가로서 유명한 요다 요시카타依田義賢도 그중 한 명으로 기계를 구하자마자 열렬히 이용하고 있는 모양이다.

직접 만나본 적은 없지만 시나리오 작가 하시모토 시노부橋本忍 씨는 전부터 가나 문자 타이프라이터를 이용해 작

업을 한다고 들었다. 타이프라이터를 사용해야 시나리오
가 쉽게 써진다는 통설이라도 있는 걸까.

가나 문자에 대한 저항

타이프라이터 가나 문자의 특이한 자체字体가 지닌 아름
다움에 대해선 앞서 이야기했다. 그것은 확실히 매력적인
형태이지만, 오히려 그 특이성이 보급에 방해되는 측면도
있다고 생각한다. 이 글자 모양에 익숙하지 않은 사람들
이 심리적 저항감을 품고 있는 것이다.

내 입장에서는 타이프라이터를 이용해 일본어를 표기
하는 것이 목적이지, 로마자나 가나 문자 따위는 목적이
아니다. 그것이 사회적으로 받아들여지려면 심리적 저항
을 최대한 낮추어야 한다. 한자가 섞인 문장을 그대로 타
이프라이터로 표기 가능하다면 더할 나위 없겠지만, 불가
능하기에 문제다.

실용적이면서, 최저 저항선까지 가려면 어떻게 해야 할
까. 이에 혹시 '히라가나' 타이프라이터를 만들어보면 어떨
까, 라는 것이 나의 발상이다. 그것도 가능하면 세로쓰기

가 좋다. 세로쓰기 타이프라이터를 만드는 것은 어렵지 않을 것이다. 활자 설치 위치를 바꿔주기만 하면 될 테니까.

히라가나만으로 쓴다

일본어를 히라가나만으로 쓴다는 생각은, 가타카나 전용 가나 문자 운동보다도 그 역사가 오래됐다. 일본 근대 우편제도의 아버지이자 문자 개혁 운동의 선구자인 마에지마 히소카前島密는 이 경우에도 선두에 서는 인물이다. 그가 이미 1866년에 『히라가나 신문』을 창간한 것이다.

1900년대 초에 발족한 가나 문자 운동이 왜 히라가나가 아닌 가타카나를 채용했는지는 의문이다. 그 당시는 지금보다 훨씬 가타카나를 자주 사용했다. 특히 공문서는 한자와 가타카나로 작성하는 것이 일반적이었다. 그런 배경과 관계있는지도 모르겠다.

그러나 오늘날은 히라가나 전성시대다. 초등학교에서도 히라가나를 먼저 가르친다. 가타카나는 외래어를 표기할 때나 사용된다. 한자를 줄이자는 사상이 보급되어 가나가 많은 문장이 늘었다. 현대 일본인은 글에 히라가나가 쭉 늘어서 있어도 별로 대수롭지 않게 본다.

나는 히라가나라면, 타이프라이터로 일본어를 쓰는 것도 실현 가능하다는 생각을 논문으로도 발표했다. 그것은 아마 일본어 기술론으로서는 하나의 새로운 생각을 제안한 것일 터이다.

히라가나 타이프라이터

그 후 얼마 안 있어, 나는 한 통의 편지를 받았다. 편지를 열어보고 깜짝 놀랐다. 그것은 가로쓰기이긴 해도 내가 꿈에 그리던 히라가나 타이프라이터로 작성된 편지였다. 순간 아차! 하는 생각이 들었다. 나는 히라가나 타이프라이터 개발자라는, 일본문화사상 영예로운 지위를 놓쳐버린 것이다.

히라가나 타이프라이터 편지를 보낸 사람은 교토의 사이토 교조斎藤強三 씨였다. 사이토 씨는 일본 로마자 운동의 투사 중 한 명으로 국어국자 문제를 다루는 뛰어난 이론가였다. 나는 바로 사이토 씨 집으로 찾아가 히라가나 타이프라이터를 실물로 보았다.

신기하게도 한 무리의 인간들은 각자 완전히 독립적으로, 같은 경위를 거쳐 같은 결론에 도달하기도 한다. 나는 사이토 씨가 맹렬한 로마자주의자이니, 히라가나는커녕 가타카나에도 눈길조차 안 줄 줄 알았다. 그런데 사이토 씨와 또 한 명의 로마자주의자 가와카미 아키라川上晃 씨 사이에 히라가나 타이프라이터 계획이 착착 진행되었던 것이다. 사이토 씨는 꽤 오래전부터 타이프라이터용 히라가나 활자 연구를 시작했던 모양이다. 가와카미 씨는 최고재판소 교관으로 로마자 속기용 타이프라이터를 발명하기도 했다. 이 사람은 이미 1955년에 도쿄 구로사와黒沢 상점에서 히라가나 타이프라이터를 선보인 적이 있는 선각자다. 가와카미 씨에게 사이토 씨가 협력해서 본격적인 개발이 시작됐다. 활자 모양도 가와카미 씨의 원안에 서가로 유명한 도쿄학예대학의 쓰즈키 고잔続木湖山 씨가 가필하여 완성했다. 그걸로 활자를 20세트 주조했다고 한다. 사이토 씨가 가진 것도 그중 한 세트다.

나도 사이토 씨에게서 활자를 한 세트 받아 올림피아 포터블에 설치하여 일본에서 몇 번째인가로 히라가나 타이프라이터를 마련했다. 1963년 초의 일로 기억한다.

사용해보니 예상대로 매우 좋다. 읽기도 쉬워서 이 정도라면, 이 활자 모양으로 편지를 받아도 거의 저항감 없이 읽을 수 있을 것으로 예상된다. 너무나 만족스러운 일본어 필기도구에 겨우 만난 것 같은 기분이었다.

개량해야 할 문제점

현재 히라가나 타이프라이터는 사이토 씨 일행의 노력으로 상당히 보급되었다. 앞으로 계속 보급될 것이다.

하지만 히라가나 타이프라이터의 개발은 이것으로 끝이 아니다. 해결해야 할 문제점들이 매우 많아서 계속 개선해나가야 한다. 키 배열이나, 히라가와와 로마자, 가타카나 등의 콤비네이션 문제점 등이 산적해 있다.

히라가나만을 사용해 표기하다 보면 가끔 가타카나가 필요해질 때가 있다. 그 둘을 한 대의 타이프라이터에 포함시킬 수 있는 방법을 생각해낸다면 대단한 발명품이 탄생할 것이다. 최근 이러한 문제에 대해 진지하게 연구하는 사람들도 있다. 이런저런 생각을 거듭하면 정말 획기적인 방법이 나올지도 모른다. 앞으로가 더욱 기대된다.

제8장
편지

정보 교환의 기술

다음은 편지에 대해 살펴보기로 하자.

나는 편지 쓰기도 지적 생산의 일종이라고 생각한다. 물론 편지를 지나치게 확대 해석하는 것인지도 모른다. 그러나 편지가 지적 생산에 필요한 보조 역할을 한다는 점은 틀림없는 사실이다. 편지 왕래를 통해 여러 가지 정보 교환이 이루어지고, 이를 바탕으로 우리의 지적 활동은 새로운 자극을 받기 때문이다.

편지 쓰기에 대해서는 초등학생도 다 알고 있을 것이다. 이제 와서 편지의 기술론에 대해 이러쿵저러쿵 떠들 필요는 없다고 생각한다. 그런데 현실은 생각과 다르다. 초등학생도 알고 있다는 편지 쓰기 방법을 지적 직업에 종사하고 있는 성인들이 잘 모르는 경우가 많기 때문이다. 그런 사례들을 꽤 자주 겪곤 한다.

내 생각에는 편지를 쓰는 기술과 세련됨을 소홀히 했기에 편지를 통한 통신, 정보 교환 체계가 오늘날까지 성립되지 못한 것으로 보인다.

그렇다고 이 책에서 편지를 잘 쓰는 방법에 대해 설명할 생각은 없다. 편지 내용과 문장은 고려 대상이 아니다. 우리의 목표는 기술, 즉 편지의 형식이다.

제각각인 편지 형식

직업상 외국인과의 편지 왕래가 잦은 편이다. 오랫동안 외국에서 온 편지들을 받아보다가 한 가지 재미있는 사실을 깨달았다. 발신인의 국적에 대해 말한다면 수십 개국이다. 언어도 제각기이다. 그런데 형식은 거의 비슷하다. 날짜, 발신인, 본문, 서명으로 이어진다. 펜으로 쓴 것이든, 타이프라이터로 친 것이든 전체적인 형식은 똑같다. 근본적으로 형식이 색다른 편지는 아직까지 못 봤다.

지역과 문화에 따라 각기 고유한 편지 형식이 있었을 것이다. 하지만 오늘날에는 그 차이가 하나의 스타일로 통일되고 있다. 편지 형식에서만큼은 인류 공통의 문화가 형성되어 있다고 생각한다.

그런데 우리의 경우는 이 같은 인류 공통의 문화에서 상당히 벗어나 있다. 일본인에게서도 많은 편지를 받고 있다. 이 편지들을 외국에서 온 편지들과 비교해보면 솔직히 난감해진다. 일본인의 편지는 형식이 천차만별이다.

때로는 어이가 없어 웃음이 나오기도 한다. 세로쓰기와 가로쓰기는 그렇다 쳐도 같은 세로쓰기라고 해도 수신인 명이 있는 경우와 없는 경우가 있고, 날짜가 있는 경우와 없는 경우도 있다. 서명도 하는 사람이 있고 하지 않는 사람이 있다.

형식을 이야기하기에 앞서 종이부터 짚고 넘어가야겠다. 나는 이토록 편지지가 다양해질 수 있다는 현상에 놀랐다. 두꺼운 것도 있고, 얇은 것도 있다. 줄이 쳐져 있는 것도 있고, 없는 것도 있다. 꼭 편지지에 쓸 필요는 없다고 생각하는 사람들이 얼마나 많은지는 모르겠으나 편지지보다 일반 종이에 쓴 편지가 훨씬 많았다. 그중에는 원고지도 있고, 리포트지도 있다. 뜻밖에도 쓰던 노트를 찢어 거기에 편지를 쓴 경우도 있었다. 이런 경우가 자주 눈에 띈다는 점이 아쉽다. 가장 황당했던 편지는 리포트지에 세로쓰기로 작은 글씨를 빽빽하게 채운 여러 장의 편지를 풀로 붙여서 두루마리처럼 보낸 것이었다. 필기구는 이제 붓은 거의 없지만 만년필보다는 볼펜과 연필이 많다.

요컨대 형식이라는 기준 자체가 없다. 마치 편지의 형식 따위는 상관할 바 없다는 식의 인상을 받는다. 국제적인 편지 형식이 하나로 모아지면서 인류의 공통 문화를 형성해나가고 있는데 우리는 개성과 습관에 따라 그야말로 제각각이다.

형식의 붕괴

왜 이렇게 엉터리가 되었을까. 앞서 초등학교 학생도 편지의 기본 형식을 알고 있다고 말했는데 그 말이 무색해질 정도다. 어쩌면 학교에서 편지 쓰는 법을 가르쳐주지 않고 있는지도 모른다. 그래서 우리 집 아이들에게 한번 물어보았다. 중학교나 고등학교에서 편지 쓰기를 배운 적이 있느냐고. 그러자 아이들은 내 질문을 이해조차 못했다. 서간체에 대해서는 배웠다고 대꾸한다. 그러면서 하는 말이 국어 시간에 서간문을 배운 적이 있다고 한다. 하지만 편지의 형식에 대해서는 모르겠다는 것이다. 심지어는 편지에 무슨 형식이 있느냐고 반문한다.

우리 아이들만 그런 것 같지는 않다. 아마도 이것이 편지에 대한 일반적인 생각일 것이다. 학교에서 서간문은 가르쳐도 편지의 형식에 대해서는 가르쳐주지 않는다. 그

증거로 교육 관계 인사들로부터도 많은 편지를 받았는데 일반인에 비해 특별한 형식이 있는 것처럼 보이지는 않았다. 이들도 자유분방하기는 마찬가지였다.

솔직히 이해가 안 되었다. 예컨대 우리는 문명국 중 하나이며, 교육 보급율도 높고, 문맹률도 매우 낮다. 국민 누구나가 편지를 쓰고 읽을 수 있다. 그 때문인지 우편물 양도 어마어마하다고 들었다. UPU(세계우편연합) 분담 납부금도 엄청나게 많이 낸다. 이처럼 우편 문화가 번창한 국가에서 우편 문화의 핵심인 편지가 일정한 형식도 없이 방치되고 있는 것이다. 이상하다는 생각이 들지 않는가.

교육계의 태만이 원인이라고는 생각하지 않는다. 가르치고 싶어도 마땅히 가르칠 만한 것이 없다. 편지를 쓰는 방식에 대해 사회적인, 혹은 문화적인 형식이 여전히 확립되어 있지 않다는 것이 근본적인 문제다.

원래부터 편지 형식이 없었던 것은 아니다. 오히려 엄격하다고 할 수 있는 모델이 있었다. 종이의 질, 크기, 접는 방식, 서식, 문체, 용어에 이르기까지 규정이 있었던 것이다. 그것이 근대에 들어오면서 급속히 무너졌다. 전통 종이에서 서양식 종이로, 붓에서 펜으로, 세로쓰기가 가로

쓰기로 변하면서 낡은 형식이 무너지고 새로운 형식은 협의되지 않았다. 그 결과 오늘날과 같은 혼란스러운 편지 문화가 양산되었다고 할 수 있다.

이렇게 되기까지 무엇이든 '형식보다는 내용'이라는 풍조가 한몫했다. 형식을 지나치게 중시했던 과거에 대한 반발에서 시작되었겠지만, 아무리 좋은 내용이더라도 그에 알맞은 형식으로 정리되어야만 정보로서, 또는 지식으로서 완성된다는 명제를 잊어서는 곤란하다. 내용제일주의에 대해서는 적극 찬성이다. 하지만 그것도 정도가 있다. 고등교육을 받은 사람이 원고지나 노트 자투리에 연필로 편지를 쓴다는 것은 자신의 인격을 폄훼하는 짓이나 다름없다.

편지 쓰기의 기피

전부터 생각했던 문제인데 사람들로부터 받은 편지 중 공용 용지를 사용한 경우가 많았다. 사적인 편지임에도 편지지는 관공서나 회사 이름이 인쇄된 종이를 사용하는 것이다.

공사 혼동을 비판하려는 의도는 없다. 다만 편지에서 이 정도로 공사 혼동이 많은 이유가 무엇일까, 그에 대해 생각해보려는 것이다. 아마도 일반 가정에서 따로 편지지를 상비해두는 집은 거의 없을 것이다. 그래서 사적인 편지도 출근 후 회사 용지에 쓰곤 한다. 즉 가정에서는 편지 같은 건 쓰지 않는다는 이야기가 된다.

현대인의 편지 쓰는 횟수가 점점 줄어들고 있다. 앞서 우편 문화의 발전에 대해 이야기했다. 우리 집에도 매일같이 상당한 양의 우편물이 배달된다. 그런데 자세히 살펴보면 대부분은 각종 인쇄물이다. 어쩌다 편지라도 발견하게 되면 그렇게 반가울 수가 없다. 특이한 점은 비즈니스에 종사하고 있는 사람들이 편지에 인색하다는 점이다. 무엇이든 편지로 주문해보면 알 수 있다. 답장이 오기까지는 상당한 시간이 걸린다. 편지가 아니라 카탈로그를 보낼 때도 많다. 아무래도 비즈니스맨들은 편지 쓰기가 싫은 모양이다.

용건은 간단하게 전화통화로 끝낸다. 확실히 현대사회는 전화라는 통신 수단에 상당히 의존하고 있다. 인구당 보급률도 엄청나지만 전화기 한 대당 통화 횟수를 따지면 세계 1위라는 통계도 있을 정도다.

커뮤니케이션 수단이 시대와 함께 변하는 물결은 어쩔수 없다. 한때 물질 문명의 척도였던 전보는 완전히 사장되었다. 전보 제도가 폐지된 나라도 많다. 그와 마찬가지로 편지도 점차 과거의 문명으로 사장되고 있는 게 아닐까. 일일이 문서를 교환하느니 전화 한 통으로 필요한 용건을 끝마칠 수 있다면 이보다 더 능률적일 수는 없다. 능률은 근대화의 최대 가치다. 그러나 사안에 따라서는 문자로 확인해야 될 사안도 많다. 무조건 전화 한 통화로 업무가 마무리되지는 않는다. 전화가 전보를 대행할 수는 있어도 편지를 대행할 수 있다고는 생각하지 않는다.

형식의 재건을 위해

노트에 연필로 쓴 편지는 편지로서 예의범절에 어긋난다고 할 수 있다. 그러나 이 책에서 예의범절로서의 형식을 논할 필요는 없을 것이다. 형식의 붕괴에 대해 생각해봐야 하는 까닭은 형식이 붕괴되면서 편지라는 수단의 정보 교환이 효율적이지 못하게 되었기 때문이다.

편지 형식이 붕괴된 원인에는 내용제일주의적인 사고가 한몫 단단히 했다. 내용이 본위가 되면서 형식을 부정하는 사고가 생겨났고, 별다른 내용이 없을 때는 편지를 쓰지 않는 게 미덕처럼 여겨지기 시작했다. 옛날에는 형식이라는 기준이 정해져 있었다. 형식은 약간 번거롭고 외우는 수고에도 시간이 많이 걸리지만 한번 익숙해지면 누구든지 자신이 전하고 싶은 내용을 말할 수 있게 된다. 특별히 전하고 싶은 내용이 없어도 편지를 쓰는 정보 전달이 가능했다. 그 이유는 편지 자체에 의미가 있었고, 또 편지글 자체에 형식이 정해져 있었기 때문이다.

그런데 형식이 부정되면서 각자 책임하에 편지를 쓰게 되었다. 형식보다 내용이 주가 된 것이다. 진정주의眞情主義라고도 할 수 있다. 즉 편지를 쓸 때마다 자신의 진정을 토로해야 한다는 어떤 규범이 정해져버렸다. 그러나 문장을 통해 자신의 진정을 토로할 수 있는 사람은 많지 않다. 상당한 문재文才를 타고 나지 않은 일반인들에게 이것은 어려운 이야기였다. 하물며 진정이라는 것이 존재하지 않을 때는 어떻게 해야 하는가. 그럴 때는 편지를 쓰지 않는 것이 예의다, 라는 고정관념이 확산되었다. 결국 형식을 배제하고 진정 토로를 편지의 핵심으로 여기는 풍조가 생기면서 편지는 일부 재능인의 독점물로 변질되었다. 그때부터 일반인은 편지에서 멀어지기 시작했다.

그렇다면 나처럼 문재가 없는 일반인은 정보 교환 수단으로서 편지를 어떻게 활용해야 하는가. 정보 교환으로서의 편지를 재건하기 위해서는 어떤 형식이 필요한가. 새로운 시대에 맞는 새로운 편지 형식이 확립되는 수밖에 없다. 누구든지 자신의 의도대로 편지 한 통을 쓸 수 있는 형식이 개발되어야만 한다.

새로운 기법의 개발

바로 실전에 들어가보자. 의도대로 편하게 편지를 쓰기 위해서 직접 아래 제안대로 따라해본다.

우선 개인적인 편지 양식을 만들자. 첫째로 용지 선정이다. 원고지나 리포트지는 안 된다. 반드시 편지 전용 용지를 준비한다. 그리고 서식도 정한다. 수신인명은 어디에 쓰고, 서명은 어떤 식으로 할 것인가. 그리고 날짜를 기입하지 않는 습관이 많은데 반드시 연월일을 기록해야 한다. 전체적인 글자 배치를 생각해본 후 견본을 하나 만든다. 이것을 활용하면 누구든지 쉽게 편지를 쓸 수 있다.

다음은 내용인데 이것은 솔직히 조금 까다롭다. 그래서 생각한 것이 문례집이다. 서점에 가면 상황에 따른 편지글을 how to식으로 정리해놓은 책을 팔고 있다. 나도 이런 책에서 많은 도움을 받았다. 다만 이런 종류의 책일수록 진정주의에 얽매여 가슴을 사무치게 하는 명문이 많으므로 실생활에서 활용할 수 있는 문장은 그리 많지 않다. 결국 상황에 맞게 문례집을 활용하는 방향으로 나아가야 할 것 같다.

편지 용건을 분류해보면 그렇게 많지는 않다. 대부분 비슷한 용건이다. 그때마다 진정을 토로하듯 새롭게 글을 쓰는 건 비효율적이다. 그래서 형식을 정해두자는 것이다. 내 경우에는 개인용 문례카드를 몇 개 준비해두었다. 카드 형식은 이번에도 교토대학형 카드. 타이프라이터로 쳐서 제목을 붙이고 용건별로 분류하고 있다. 문장은 여러 가지를 참고해서 상황에 맞게 정한 것이므로 상대방에게 실례되는 일은 없다.

여기서 한 발짝 더 나아가면 패러그래프 시스템이 된

다. 편지에 들어갈 문장을 몇 가지 패러그래프로 나누고, 그에 대한 모범적인 문장을 카드로 준비해둔다. 예를 들어 첫인사는 3번 카드, 용건을 말하기에 앞서 상대방에게 정중히 부탁할 때는 18번 카드, 용건의 핵심을 설명하고 양해를 구할 때는 32번 카드, 끝인사는 57번 카드, 이런 식으로 3번 카드, 32번 카드, 57번 카드를 연결하면 한 통의 편지가 완성되는 것이다. 편지 기술의 개발과 더불어 이 같은 패러그래프집이 판매되면 좋을 듯싶은데, 현재로서는 각자 취향에 맞게 개인용 패러그래프를 만드는 수밖에 없다.

타이프라이터로 쓰는 편지

나는 편지를 쓸 때도 상당히 급진적인 방식을 채용하고 있다. 타이프라이터로 편지를 쓰고 있다. 앞서 설명했듯이 편지 쓰는 것을 계기로 타이프라이터의 세계에 빠져들게 되었다.

타이프라이터로 편지를 쓰려면 종이는 당연히 타이프라이터용지이고, 서식은 가로쓰기, 즉 국제 방식과 동일한 형식이 된다. 왼쪽 상단에 이름, 오른쪽 상단에 연월일, 그리고 본문을 쓰고, 오른쪽 하단에 서명한다. 이때도 문장은 문례 카드를 이용한다.

타이프라이터를 사용하면 손으로 쓰는 것보다 훨씬 빠르고, 보기에 깔끔하다. 또 복사본을 만들기도 쉽다는 장점이 있다.

오자 없이 깨끗하게

앞서 설명했듯이 내가 타이프라이터로 편지를 쓰게 된 과정은 능률보다는 미적인 접근 때문이었다. 편지를 쓸 때는 받는 사람의 기분을 생각해야 한다.

편지에는 당연히 오자가 없어야 하고, 정정한 흔적도 남겨서는 안 된다고 생각한다. 그것이 예의이기 때문이다. 그런데 펜으로 쓰다 보면 오자도 생길 수 있고, 잉크가 번지기도 한다. 이에 비해 타이프라이터는 수정이 용이하다. 만에 하나 처음부터 다시 쓰더라도 손으로 쓰기보다는 훨씬 경제적이다. 손으로 쓴다면 편지 한 장만 다시 써도 금방 질려버린다.

편지 복사본

또 하나 복사본의 문제가 남아 있다. 편지 복사본은 편지를 활용함에 있어 최소한의 필요조건이라고 생각한다. 회사와 관공서의 공문서는 별도로 치더라도 개인 간에 주고받은 편지를 복사해두는 사람은 거의 없을 것이다. 나로서는 잘 이해되지 않는 풍토였다. 전에 그 사람에게 뭐라고 편지를 썼는지도 모른다면 문제가 되지 않을까.

그런 점을 고려했을 때 타이프라이터는 상당히 유리하다. 타이프라이터 용지 뒤편에 복사지를 넣어두면 완벽하게 해결된다. 이렇게 해놓고 타이프라이터로 편지를 쓰면 편지가 완성되는 동시에 복사본도 만들어진다. 복사본은 다른 사람에게서 받은 편지와 함께 캐비닛 파일에 정리한다. 이것으로 각 용건에 대한 왕복 문서를 보존할 수 있게 된다. 나의 캐비닛 속에는 여러 가지 왕복 문서가 완벽하게 보관되고 있다.

이를 통해 카드 활용처럼 기억해야 한다는 중압감에서 벗어나는 것이 가능하다. 쓴 편지도, 받은 편지도 한 번 읽고 잊어버린다. 나중에 기억해야 할 때는 파일을 꺼내 찾아보면 된다. 안심하고 잊어버려도 되는 여유가 생긴다.

자연스레 업무의 용량이 확대된다.

주소록이 성장한다

지금까지 편지를 살펴봤는데 이번에는 수신인명에 대해 설명하기로 한다.

사회인이 되어 교제 범위가 넓어질수록 지인의 주소록 정리가 점점 더 힘들어진다. 나 역시 좋은 방법을 찾지 못해 오랫동안 힘겨워했다. 신문사나 출판사 사람들이라면 분명히 그들만의 좋은 방법이 있을 것 같아 물어본 적도 많다. 그때마다 "우리도 그 문제로 여간 골치가 아픈 게 아니에요. 뭐 좋은 방법이 없을까요?" 하고 오히려 나에게 물어보는 것이었다.

수신인명을 정리하는 가장 초보적인 방법은 수첩과 노트에 주소성명을 기입하는 방식이다. 시중에 주소록이라고 해서 장부 형태로 파는 제품도 있다. 이런 제품은 쓰기 간편해서 좋다.

그런데 인맥이 넓어질수록 주소록으로는 한계가 있다. 주소록이 세월과 함께 계속해서 성장한다는 사실을 잊어버려서는 안 된다. 주소록은 우리 몸의 신진대사와 비슷하다. 새로이 지인들이 늘어나고, 전부터 알고 지내던 사람들은 수시로 주소가 바뀌고 직장이 달라진다. 노트만으로는 추가하고 정정하기가 쉽지 않다.

주소 카드

결국 이번에도 카드가 정답이었다. 이때 사용하는 카드는 예의 교토대학형 카드다. 카드 한 장에 수신인 한 명이다. 처음 만나면 명함을 주고받는다. 명함을 받으면 즉시 이 카드에 붙여버린다. 또 이사 통지 등의 변경 사항이 발생했을 때는 변경 사항만 메모지에 적어서 카드의 해당 부분에 붙여버린다. 이런 방식이라면 일일이 베껴 쓰는 수고를 덜게 된다. 또 나중에 착각할 염려도 없다.

카드 여백에는 해당인에 대한 정보를 간단히 메모해둔다. 카드 왼쪽 상단에 이름을 기입하고 제목을 붙인다. 그리고 카드 박스에 가나다순, 혹은 알파벳순으로 보관한다. 이런 방식이라면 언제든지 필요한 수신인명을 찾을 수가 있다. 추가 정정도 자유자재다.

나는 10년 전부터 이 방식을 철저하게 이용해왔다. 기초 카드만 만들어두면 나중에 변경되는 사항에 대해서만 정정하는 수고로 인맥 관리가 확실해진다. 매년 1월에는 연하장을 바탕으로 전체적인 개정 작업에 나선다. 지금은 이렇게 모인 카드를 하나의 재산처럼 소중히 여기고 있다. 내가 이런 방식으로 인맥 관리를 하고 있다는 소문을 듣고 친구들은 물론이고 저널리즘 관계자들까지 찾아와 가르쳐달라고 할 정도였다.

인맥 관리는 기업 등의 조직에서는 당연한 시스템이다. 그러나 개인이 인맥에 시스템을 활용하는 경우는 거의 없다. 이왕이면 젊었을 때부터 이런 시스템을 만들어두고 활용한다면 사회 생활에 많은 도움이 되리라고 확신한다.

제9장
일기와 기록

'나'라는 타인과의 편지 왕래

해마다 연말이면 서점 앞에서 일기장 파는 모습을 쉽게 볼 수 있다. 제본도, 장정도 매우 훌륭하고 여러 가지 유용한 명언 등을 종이에 인쇄해서 판매하고 있다. 전국적으로 몇 부나 팔리는지는 모르겠지만 일기 인구가 상당하다는 것은 짐작하고도 남는다.

일기장을 구입해도 그중 몇 명이나 끝까지 일기를 쓰는지는 무척 의문이다. 아마도 중간에 포기하는 사람이 더 많을 것이다. 일기를 써본 적이 없다고 말하는 사람이 많은 반면에 하루도 거르지 않고 매일 일기를 쓴다는 사람은 적다. 나도 새해가 되면 일기를 쓰기 시작하는데 하루도 거르지 않고 쓴다는 것은 상상도 못한다. 쓰는 날보다 빠뜨리는 날이 많다. 그래도 연도별로 일기장이 남아 있는 걸 보면 그나마 일기를 잘 쓰는 편에 속하지 않나 생각된다.

일기란 무엇일까, 라는 본질적인 질문은 뒤로 미루고 우선은 일기 쓰는 방식에 대해 살펴보기로 한다. 일기 역시 앞장의 편지와 마찬가지로 학교에서 가르쳐주지 않는다. 이를 주제로 특별한 논의가 진행된 적도 없다. 이 때문에 형식과 기법은 늘 제자리걸음이다. 새해를 맞아 일기를 쓰다가 도중에 포기하는 사람이 많은 이유는 일기 쓰는 기술의 개발이 뒤처졌기 때문이다. 쓰는 사람의 의지가 부족하다는 쪽으로만 몰아가서는 안 된다.

일기는 타인에게 보여주기 위한 글이 아니다. 나를 위해 쓰는 글이다. 나를 위한 일기인데 군이 기법과 형식이 필요할까. 이렇게 생각할 수도 있지만 두 가지 점에서 이는 잘못된 생각이다. 첫째로 기법과 형식에 대한 연구 없이도 의미 있는 일기를 쓸 수 있는 능력자는 한정되어 있다. 따라서 여러 가지 연구를 거듭한 끝에 나에게 어울리는 일기 형식을 완성해나가는 수밖에 없다. 둘째, 나는 시간의 흐름과 함께 어느새 타인이 된다. 형식과 기법을 무시하게 되면 내가 쓴 일기임에도 나중에 다시 읽었을 때 무슨 감정으로 이렇게 썼는지 모른다. 일기란 존재하는 시간대가 다른 '나'라는 '타인'과의 편지 왕래다. 이렇게 생각하는 것이 일기에 대한 올바른 접근이다. 그렇기 때문에 일기에도 형식이 필요하다.

영혼의 기록과 경험의 기록

어디서부터 비롯되었는지는 모르겠으나 일기라고 하면 솔직한 마음을 털어놓는 것이라는 미신이 널리 퍼져 있다. '이것 좀 한 번 읽어봐'라면서 자기가 쓴 일기를 나에게 보여준 친구가 몇 명 있는데 일기를 타인에게 보여주려는 태도는 자신의 생각과 고뇌를 이해해달라는 일종의 커뮤니케이션 방법이라고 여겨진다. 읽어보면 예외 없이 요즘의 고민과 생각들, 즉 내면의 기록으로 가득하다.

젊은 사람들에게 물어보니 일기란 역시나 마음과 영혼의 기록이라는 의식이 강하다. 일기는 원래 그런 장르다, 라고 생각한다.

어쩌다가 이렇게 되었을까. 첫째, 일기를 문학으로 생각하는 관습 때문이다. 실제로 교과서나 출판물 등에서 소개되고 있는 일기는 대부분 문학적이다. 작가의 내면 기록과 영혼의 성장 기록이 주류를 이루고 있다. 그 나름으로 의미가 있고, 일기 문학이 존재한다는 역사도 부정할 수 없지만 일기라고 해서 무조건 문학적일 필요는 없다. 문학적인 일기도 있고, 과학적인 일기도 있고, 실무적인 일기도 있다. 일기라는 장르를 영혼에 대한 기록이라고 정의하는 판단은 지나치게 비약적이다. 내가 생각하는 일기는 날짜순의 경험을 기록한 정보이며, 그 경험은 내적일 수도 있고, 외적일 수도 있다. 마음속에 앙금처럼 떠도는 생각, 영혼의 자취 등을 일기장에 써내려갈 필요는 없다. 일기를 쓰기에 앞서 이 점을 명확히 해야 한다고 생각한다.

자신을 위한 업무 보고

내면에 접근하지 않는 일기란 어떤 것일까. 항해 일지나 업무 일지를 생각하면 된다. 이에 대한 개인판이 일기라고 할 수 있다. 자신에게 매일 제출하는 경험 보고서라고 생각하면 간단하다. 실제로 이렇게 쓴 일기가 상당한 도움이 된다. 무미건조한 기술이 많기 때문에 문학성 등은 현저히 떨어지지만 개인의 삶에서 일기가 필요한 까닭은 내면의 기록보다는 오히려 이런 현실적인 기록이다. 그날그날의 경험과 사건들을 되도록 객관적으로 간결하게 기록한다. 굳이 내적인 경험을 배제할 필요는 없다. 생각과 감정도 얼마든지 객관화시킬 수 있다.

후세 사람들에게 사료로 남겨주려고 일기를 쓰지는 않는다. 그러나 내가 쓴 일기는 내 삶에서 중요한 사료가 된다. 나중에 다시 읽어보면 그때 내가 어떤 생각으로 어떻게 행동했는지를 확실히 알게 된다. 일기는 나에게 보여주는 내 삶의 업무 보고인 셈이다.

루스리프 일기

오늘날에는 일기는 꼭 일기장에 써야 된다는 관념은 따로 없다. 시판되는 일기장은 하루 한 페이지씩 구성되어 있는데 실제로는 사용이 번거롭다. 그 점을 고려해서, 날짜 없이 자유자재로 쓸 수 있는 일기장도 나오고 있으나, 그럴 바에야 차라리 원고 용지를 철한 것으로도 충분하다. 사실은 철해놓을 필요도 없다. 꼭 일기'첩'일 필요는 없는 것이다. 필요하면 나중에 철해도 된다.

나는 전부터 루스리프를 일기장으로 사용해왔다. 회계 장부 같은 바인더에 끼워놓는데, 1년분이 모이면 표지를 붙여 철한다. 이 방법은 장점이 몇 가지 있다. 첫 번째는 틀의 제한이 없으므로, 쓸거리가 풍부하면 많은 페이지를 사용해도 된다. 두 번째로 일기를 못 쓰는 날이 있어도 여백 페이지가 따로 남거나 하지 않는다. 일반 일기장으로 쓰다가, 여백 페이지가 몇 장이나 이어지면 실망하게 되어 계속 써나갈 의지가 꺾이기 마련이다. 세 번째로 나중에 내용을 더 보충하거나 자료를 첨부할 수 있다.

일기를 다시 생각한다

나를 위한 업무 보고라고 생각한다면 일기에 대해 여러 가지를 연구할 수 있게 될 것이다. 오늘 하루 겪었던 일들 중 이것만은 꼭 기록해둬야 한다는 항목을 미리 정해놓을 수도 있고, 아예 서식으로 만들어서 파인더로 보관할 수도 있다. 상황에 따라서는 서식을 일기 용지처럼 대량으로 인쇄하고 필요한 내용을 적당히 기입하면 그날의 일기가 만들어진다. 이런 시도도 괜찮다고 생각한다. 일기가 반드시 문학적일 필요는 없다.

시판 중인 일기장 중에는 여전히 세로쓰기를 해야 하는 제품들이 적지 않은데 왜 그런지는 모르겠다. 일반 문서는 거의 대부분이 가로쓰기이지만 일기만은 아직도 세로

쓰기가 남아 있다. 그런 제품을 보면 일기는 문학의 일종이라는 생각이 아직도 강하게 남아 있는 것 같다.

두꺼운 일기장을 한 장씩 채워가는 전통적인 방식에는 버리기 아까운 묘미가 있다. 그러나 실용을 우선적으로 고려하는 사람이라면 다른 방법을 생각해봐야 한다. 내 경우엔 타이프라이터로 일기를 쓸 때가 많다.

일기를 보다 쉽게 쓸 수 있는 몇 가지 사례를 살펴보고자 한다. 형식은 2단 구조다. 처음에는 기록해야 할 내용과 사건, 경험 등 간략한 스토리를 전개한다. 그리고 시간적인 여유가 생겼을 때 상세히 기술한다. 끝까지 시간적인 여유가 생기지 않는다면 처음에 기록한 개요만으로도 큰 도움이 된다.

다음은 패러그래프로 나눠 '제목'을 붙인다. 약간의 수고가 필요하지만 이렇게 해두면 항목별로 검색하기가 쉬워진다.

일기와 기록 사이

일기가 어떻게 지적 생산의 일종이냐고 반문하는 사람이 많다. 그렇다면 기록은 어떤가. 기록이 지적 생산의 일종이라는 주장에는 이견이 없을 것이다. 그래서 이번에는 기록에 대해 살펴보고자 한다.

일기와 기록은 어디가 어떻게 다를까. 일반적으로 일기는 사적이고 주관적인 저작. 그리고 기록은 공적이고 객관적인 저작이라고 말하지만, 둘 사이에 본질적인 구별이 따로 정해져 있지는 않다. 단지 일기는 경험을 날짜순으로 기재했을 뿐이다.

과학자는 기록을 중시할 수밖에 없다. 예전에 텔레비전에서 〈지저地底 대탐험〉이라는 영화를 방영해주었다. 쥘 베른의 『지저 여행』을 영화로 연출했다. 원작을 읽지는 못했지만 영화는 무척 재미있었다.

어느 과학자가 이끄는 탐험대가 땅속으로 들어가는 입구를 발견하고 지하 세계에 발을 들여놓는다. 그곳에서 온갖 모험을 겪은 후 마침내 지상으로 생환하는 줄거리다. 무사히 돌아온 과학자 일행을 위해 그가 교수로 재직 중인 대학에서 환영회를 열었다. 이 자리에서 과학자는 이렇게 소감을 밝힌다. "우리가 무사히 살아 돌아온 것을 축하해주시는 자리라면 무척이나 기쁩니다. 하지만 만일 우리의 학술 탐험의 성공을 축하하기 위해 모이셨다면 유감스럽게도 우리는 여러분의 환영을 받을 자격이 없습니다. 왜냐하면 과학적 탐험의 결과라고 할 수 있는 '탐험 기록'을 잃어버렸기 때문입니다." 영화에서 주인공 과학자는 지저 탐험에서의 관찰 사항 등을 그때그때 구술하고 램프 불빛 아래서 조수가 받아 적었다. 그 노트를 조난으로 모두 잃어버린 것이다.

어떤 경험도 '기록'이 없으면 완벽하게 무가치해진다, 라는 과학자적인 입장이 잘 드러난 장면이어서 무척이나 인상 깊게 감상했다. 한편으로는 기록지상주의자라고 할 수 있는 과학자들을 은근히 희롱하는 느낌도 들긴 했는데 실제로 과학자들은 지독하다고 생각될 만큼 기록을 중요시하는 경향이 강하다.

나중에 기회가 돼서 베른의 원작을 읽어봤다. 아니나 다를까 영화에서 등장한 환영회는 소설에 없었다. 영화제작자가 꾸며낸 장면이었다.

기억하지 않고 기록한다

방금 말한 '기록'은 현장에서의 기록이다. 관찰과 기록의 시간의 차는 짧을수록 좋다. 실험실에서의 데이터도 그 자리에서 기록하지 않고 나중으로 미루면 객관적으로 드러난 수치임에도 기억이 오락가락한다. 이는 야외 과학에서도 마찬가지다. 가능하면 그 자리에서 기억을 기록하는 습관을 길러야 한다. 불현듯 떠오른 아이디어도 기억에 의지했다간 언제 갑자기 사라질지 모른다. 아이디어도 경험의 일부이므로 기록해두는 편이 좋다.

이렇게 모인 기록이 따지고 보면 하나의 일기가 된다. 그 자리에서 쓴 기록이므로 가장 정확한 일기다. 실제로도 연구 일기, 조사 일기 등이 있으며, 나중에 이를 바탕으로 연구 기록과 조사 기록이 만들어진다. 그런 점에서 일기와 기록은 별개의 장르가 아니다.

솔직한 이야기로 기억은 믿을 만한 도구가 못 된다. 아무리 기억력이 뛰어난 사람도 시간과 함께 잊어버리는 피해는 막지 못한다. 기억은 금방 퇴색하고, 변용되고, 분해되고, 소멸해간다. 기억에 의지한 지적 작업이란 불가능에 도전하는 짓이다. 그래서 기록이라는 작업이 수반되어야 한다. 기록은 기억의 결함을 보완해주기 때문이다.

사물은 기억하지 않고 기록하는 것이 원칙이다. 아예 처음부터 기억하려는 노력을 포기해버린다. 그 대신 되도록 정확하게 기록한다. 과학자에게만 국한된 이야기가 아니라 지적 생산에 종사하는 모든 사람들에게 있어 기본적인 마음가짐이라고 생각한다.

메모 다루기

세상에는 메모광으로 불리는 사람들이 있다. 주머니에는 항상 수첩이 들어 있고, 시도 때도 없이 수첩을 꺼내 뭔가를 적는다. 레오나르도 다빈치도 메모광이었다. 메모광으로 불린다고 해서 무엇이든 다 적지는 않는다. 수첩에 적을 때는 분명한 기준이 있다. 그 기준에 따라 대상을 구분하는 것이 우선이다. 기록하는 대상과 기록하지 않는 대상의 기준이 명확할수록 메모의 이용 가치가 커진다.

경험을 선별하고 효과적인 기록을 확실히 정착시키기 위해서는 평소에 많은 연습을 해둬야 한다. 메모광으로 불릴 정도는 아니더라도 일상 생활에서 약간의 훈련을 통해 메모라는 습관을 길러두는 것이 유리하다. 습관으로 정착되기만 하면 활용은 어렵지 않다.

나도 메모광은 아니지만 상황에 따라 수첩을 꺼내 그 자리에서 기록하기를 어렵게 생각하지는 않는다. 아마도 소년 시절부터 이 같은 훈련을 받았기 때문일 것이다. 중학교 때부터 등산을 해왔다. 그런데 대부분의 전문 등산가들은 기록을 하는 습관이 몸에 배어 있다. 거리와 소요 시간, 사건 등을 수첩에 기록해둔다. 배낭을 내리고 한숨 돌리면서 그 짧은 시간을 이용해 수첩에 몇 자 적어놓는다. 몸이 피곤한 와중에도 메모를 한다는 습관은 익숙해지지 않고서는 굉장히 어렵다. 다행히 산악부 활동을 하면서 좋은 습관을 몸에 익힐 수 있었다.

필드 노트의 일상화

훗날 탐험과 조사에 열중하게 되면서 그때의 훈련이 크게 도움 되었다. 앞서 설명한 지저 탐험 과학자와 마찬가지로 메모는 야외 과학자에게도 필수였다. 야외 과학 연구자들은 필드 노트를 항상 휴대하고 다닌다. 보통은 주머니에 들어갈 크기에 표지가 무척 단단한 수첩 종류인데 매일의 행동 경위, 관찰 결과, 생각 등을 순서대로 기입한다. 이 노트는 과학적 연구 기록인 동시에 과학자의 일기이기도 했다.

기록에 대한 나의 생각은 필드 노트의 일상화에 가깝다. 야외 연구의 일상화라고 해도 좋다. 일상 생활을 야외 연구로 대치하면 된다. 야외에서의 행동과 사건, 체험을 필드 노트에 기록하듯 매일의 행동과 사건과 체험을 기록한다. 경험을 기억이 아닌 기록으로 남기기 위해서는 이 방법이 가장 확실한 것 같다.

카드에 쓰는 일기

앞에서도 설명했듯이 일상 생활을 기록할 때는 카드를 사용한다. 일의 경위, 아이디어, 독서 기록, 회의 내용 등도 모두 카드를 활용한다.

그러다가 이런 생각까지 하게 되었다. 일기도 카드에 쓰면 어떨까.

여러 가지 사건들과 생각 등 그날의 구체적인 활동 내용

(특히 지적 활동의 내용)은 이미 카드에 적혀 있다. 그런데 또 일기를 쓴다는 것은 여러 가지 경험을 시간에 따라 배열하는 것에 불과하다는 생각이 들었다. 즉 일기 자체가 시간별로 분류된 색인 카드였던 셈이다. 그래서 카드식 일기를 써보자고 결심했다.

일기를 카드에 쓴다. 전통적인 일기의 이미지와 무척이나 동떨어진 발상이었지만 현대적인 일기의 한 가지 예로 시도해볼 가치가 충분하다고 생각했다. 그래서 실천에 옮겼다. 현재 나는 일기장 대신 카드에 일기를 쓰고 있다.

카드는 이번에도 교토대학형 카드다. 상단 끝에 날짜를 적는다. 하루 일상은 어쨌든 카드 한 장에 정리하는 것이 좋다. 좀 더 세세하게 기록하고 싶다면 항목별로 나누고 카드를 만든다. 일기는 카드 한 장으로 끝나야 한다. 경험을 날짜순으로 색인했으므로 이것이 기본이다.

이것으로 일기도 자료로서 다른 카드와 동렬, 또는 혼합해서 사용할 수 있게 되었다. 필요하다면 날짜순으로 정리해서 일기장으로 복원시킬 수도 있다.

이미 설명했지만 카드는 종류를 막론하고 반드시 날짜를 기입해야 한다. 사실 카드에 국한된 이야기가 아니다.

모든 문서에서 실행해야 한다.

개인 문서관

자신의 경험을 기록화하고 이를 축적된 자료로 활용하려는 시도는 그 자체로 지적 생산이다. 보고 들은 모든 사항을 기록하라고 권하지는 않겠다. 다만 인생을 살아가는 데 있어 어떤 경험은 진보의 재료가 된다는 진실을 강조하고 싶다. 특히 나처럼 지적 생산을 직업으로 삼고 있는 사람이라면 더욱 그렇다.

되풀이 말하지만 사회의 제도화된 교육 체계는 교육적 결과를 다음 세대에 전하는 데에는 무척 열심이지만 교육적 결과가 달성되기까지의 기술에 대해서는 개발시키거나 발전시킬 의도가 거의 없는 것처럼 보인다. 기술 개발을 통한 발전을 생각한다면 단순히 성과에 열광하기보다는 성과를 얻어내기까지의 과정을 기록하고 분석하려는 시도가 더욱 중요하다. 그런데 안타깝게도 현실은 반대 방향으로 달려가고 있다.

내 주위만 하더라도 자신이 겪은 일들을 기록으로 남기

는 사람은 거의 없다. 다른 사람들도 거의 마찬가지일 것이다. 기록을 남겨도 상당히 빈약하다. 지구상에는 여러 가지 문화가 있고, 실제로는 거의 아무 일도 하지 않았으면서 보고서 등의 서류만 쓸데없이 두껍게 만드는 나라도 있다. 그에 비하면 우리는 기록을 경시하고 성과를 제일로 여긴다는 점에서 그들보다는 능률적이지만 사회적 축적이라는 가치에서 소홀한 감을 지울 수 없다. 왜 이렇게 되었는지 살펴보고 넘어가는 것이 좋겠다는 생각이 든다.

유럽 등은 옛날부터 아르키프(문서관)라는 시설이 발달되어 있었다. 온갖 기록을 수집하고 보존하는 일에 열심이었다. 그러나 우리는 기록 보존을 위한 공공시설이 과거부터 존재하지 않았다. 그 때문에 상당수의 기록이 사라졌다고 생각한다. 혹은 처음부터 보존 대상으로서의 기록이 존재하지 않았기에 이런 시설이 등장하지 않은 것인지도 모르겠다.

진보와 발전을 생각한다면 기록 보존은 효율적이지 못하다. 하지만 방대한 기록 카드와 산더미처럼 쌓인 일기는 개인을 위한 아르키프(문서관)라고 생각한다. 지적인 생산에 종사하고 싶다면 젊은 시절부터 개인용 문서관을 적극 활용해보기를 권한다.

문서관 및 자료관에 의한 사회적인 기록 축적 시설과 그 효과에 대해서는 앞으로 다른 기회가 있으므로 여기서는 생략하겠다.

제10장
원고

타인을 위해 쓴다

지적 생산 기술 중에서도 가장 까다로운 부분에 대해 생각해보지 않으면 안 될 차례가 온 것 같다. 다름 아닌 문장의 기술에 대한 이야기다. 그중에서도 발표를 전제로 하는 문장에 대해 이야기해보자. 앞서 편지와 일기에서 설명한 바 있지만 여기서 말하려는 주제는 특정 개인, 혹은 자기 자신에게 보여주는 사적인 문장이 아니라 사회에 공표되어 많은 사람들에게 읽히는 정보화를 전제로 한 사회적인 문장이다.

내 인생에서 그럴 일이 없다고 생각하는 사람도 있을 테지만, 사회 생활을 하다 보면 의외로 이런 상황이 몇 번씩은 발생한다. 직장에서의 보고서나 프레젠테이션도 넓게는 사회적인 문장에 속한다. 프로젝트를 시행하면서 시작부터 종결까지의 계획, 경위, 결과를 회사에 보고하는 일도 엄연한 사회적 문장이다.

이런 문장을 쓸 때는 어떤 점을 주의해야 하는가. 논의한다면 끝도 없이 길어질 테니 체험을 통해 내가 깨달은 몇 가지 사항만 간략히 설명하기로 한다.

일반적인 공표든, 특정인에 한한 보고이든 인쇄 및 그

밖의 방법으로 복제될 가능성이 있는 글을 원고라고 부른다. 문장을 생각하기 전에 우선 원고부터 생각해보자. 첫번째는 원고를 쓰는 방식이다.

훈련의 결여

모 대학에서 학생 문예 작품을 모집했다. 내 친구 중 한 사람이 심사위원을 맡았다. 수많은 응모 작품을 검토하면서 내 친구는 넋이 나가는 기분이었다고 고백했다. 문학적 차원 때문이 아니었다. 문학적인 부분을 검토하기도 전에 상당수 응모작을 제외시켰다고 한다. 원고의 기본 방식에 적합하지 않았기 때문이다. 대학생이 원고 형식도 모른다…. 어떻게 받아들여야 할까.

나도 이와 비슷한 경험을 많이 겪었다. 젊은 학자들이 논문을 발표하기 전에 원고를 가져오곤 하는데 믿어지지 않을 만큼 허술한 사례가 얼마든지 있다. 가장 사소한 예로 단락이 바뀔 때는 첫 칸을 비워야 한다. 이런 기본조차도 모르는 젊은 지식인이 태반이었다.

젊은 학생들에게만 국한된 문제가 아니라는 점에서 더

욱 심각하다. 유명 학자 중에도 정말 어이없는 원고를 읽어보라고 보내오는 사람이 있다. 원고의 기본적인 룰을 완전히 무시하고 쓴 글이다. 단락을 바꾸는 방법 정도는 알고 있는 것 같은데, 기호를 사용하는 방식, 삽화, 도판 넣는 방식, 주석을 다는 방식, 인용 문헌을 밝히는 방식에서는 완전히 엉터리였다. 편집자를 울리기에 딱 알맞은 원고다.

분명히 말해서 훈련 부족이다. 아니, 훈련의 결여라고 부르는 편이 더 정확하겠다. 대부분 단 한 번도 원고를 어떻게 써야 하는지 훈련을 받아본 적이 없다. 그런 훈련 없이 원고지 앞에 앉는 것이다. 학교에서도 원고 쓰는 방식을 세세하게 가르쳐주지 않는다. 당연히 실습도 없다. 나도 학교나 선생님으로부터 이런 지식을 배운 기억이 없다. 초기에는 내 원고 때문에 편집자들이 애 좀 먹었을 것이다.

원고 쓰는 방식은 사실 그렇게 어려운 기술은 아니다. 하지만 연습 없이는 익숙해지지 않는다. 적어도 대학의 학부에서는 필수 과목으로 가르쳐야 한다고 생각한다.

인쇄 공사 설계도

지금까지 원고 쓰는 방식에 대해 훈련받을 기회가 없었다면 이에 대한 책이라도 읽어보고 스스로 연습하면 좋으련만 놀랍게도 시중에 원고 쓰는 기술을 다룬 책이 전무했다. 나도 한때 이런 종류의 책을 찾아보았지만 원고 쓰는 방식, 혹은 원고의 기술에 대한 책은 아직까지 보지 못했다.

'문장을 쓰는 방식'이라면 얼마든지 찾아볼 수 있다. 이를 주제로 하는 단행본도 많고, 좋은 문장의 예도 얼마든지 많다. 그러나 여기서 문제로 삼고 싶은 대상은 문장이 아니다. 아무리 훌륭한 문장이더라도 처음에는 원고지에 써야 한다. 그렇다면 어떤 식으로 종이 위에 써야만 제대로 인쇄해주는가. 이에 대해서는 아무도 가르쳐주지 않는다. '사진 찍는 법'에 대해서는 전문 서적까지 나왔는데 '원고 쓰는 방식'에 대해서는 관련 서적조차 없다는 게 현실이다.

기본적으로 원고는 내 마음대로 써도 되는 글이 아니다. 그런 점에서 노트, 일기와는 상당히 다르다. 원고는 나를 위한 글이 아니다. 전적으로 타인을 위한 글이다.

원고란 정확히 무엇인가. 원고는 인쇄라는 형태로 다

른 사람에게 보여주기 위해 쓴 글이다. 쉽게 말해 인쇄라는 공사에 필요한 설계도라고 할 수 있다. 건축가는 설계도를 작성하지만 실제 공사는 인부들이 한다. 마찬가지로 원고는 작가가 쓰지만 인쇄는 인쇄소에 맡겨야 한다. 그 설계도를 나만 알아볼 수 있도록 쓴다면 인부들은 집을 건축하지 못한다. 당연히 차질이 생긴다.

따라서 원고를 쓰기 전에 인쇄 내지는 책이 어떻게 만들어지는지 전문적인 과정을 살펴보는 체험도 좋을 것이다. 집이 어떤 과정을 거쳐 건축되는지 모른다면 온전한 설계도를 작성하는 데 어려움을 겪는다. 원고는 쓰는 사람과 인쇄소 사이에 편집자라는 전문 기술자가 포진하고 있기에 초보자라도 원고를 출판, 혹은 발표가 가능하지만 자신이 쓴 원고가 인쇄되기까지의 공정을 이해한다면 편집자와 인쇄소의 수고를 그만큼 덜어주게 될 것이다.

출판 관계자 및 인쇄 업자의 책임

출판 관계자와 인쇄 업계는 왜 원고 쓰는 방식의 교육을 보급하는 데 소홀했을까. 엉터리 원고 때문에 난처해지는 장본인은 바로 그들이다. 원고가 좀 더 완전해지면 그들 자신이 편해진다. 원고 집필에서 책이 만들어지기까지의 과정을 많은 사람들에게 알린다면 수고를 덜 해도 될 텐데 왜 이런 노력에 소극적인지 모르겠다. 출판 관계자와 인쇄 업자가 어떤 형태의 원고를 바라는지 원고를 쓰는 사람은 모른다. 알고 싶어도 가르쳐주는 책이 없다.

'집필, 편집, 교정'이라는 책이 있다. 이 책은 편집자와 출판 관계자들이 주로 읽는다. 저자도 모두 출판계 베테랑들이다. 이 책은 원래 편집자를 위한 입문서였지만 집필자에게도 상당한 도움을 준다. 그러나 전문가를 대상으로 한 책이므로 일반인이 쉽게 접근할 수 있는 팸플릿 등을 제작해주었으면 좋겠다. 출판사에서 작가에게 집필을 의뢰할 때 이렇게 만든 팸플릿을 참고하도록 부탁할 수도 있고, 전국 서점에 비치해뒀다가 희망하는 사람에게 무료로 나눠줘도 좋고, 대학에서 관심 있는 학생들에게 배포해도 좋을 것이다.

현재 일본은 세계에서도 손꼽히는 출판 왕국이다. 그런데 왜 이런 나라에서 원고의 기초가 지켜지지 않고 있는지 답답하기만 하다.

원고는 극히 최근까지만 해도 소수 엘리트들의 전유물이었다. 지금도 연로한 분들 중에는 젊은 사람이 쓴 원고가 출판되거나 인쇄되면 괜히 언짢아하는 편견들이 있다. 젊은 나이에 건방지다는 것이다. 이처럼 우리의 인식에는 원고가 인쇄되고 출판되는 과정을 상당히 '위대한' 업적처럼 생각하는 사고방식이 남아 있다.

그러나 지금은 세상이 변했다. 내가 쓴 글이 인쇄될 기회는 얼마든지 많다. 반대로 말하면 내가 쓴 글이 인쇄될지도 모른다고 각오한 후 글을 써야 한다. 원고를 쓰는 행위가 소수의 고급 지식인들에게 국한되었던 시대에는 '원고 쓰는 방식'도 구전 형태로 전해지는 경우가 많았다. 일반화되지 않았기에 특별한 해설서도 필요하지 않았다. 그러나 지금처럼 원고 집필 인구가 늘어난 현실에서 구전으로는 역부족이다. 그럼에도 불구하고 관계자들은 이에 대한 인식이 결여되어 있다. 꽤 심각한 사태라고 생각된다.

규칙이 확립되어 있는가

실은 한 가지 더 마음에 걸리는 것이 있다. 원고 작성 규칙의 교육 및 보급하려는 노력이 부족하다고 지적했는데, 그 전에 정말 규칙이 확립되어 있기는 한 걸까.

앞에서, 단락을 바꿀 때 한 칸을 비우고 시작한다고 말했다. 그것은 이미 일반적인 규칙이다. 그리고 구두점은 한 글자분의 칸에 찍는다. 이것도 확립된 규칙이다.

그런데 행의 마지막 칸에 문장을 완결하고 뒤에 구두점을 찍어야 할 때는 어떻게 해야 하는가. 칸 밖의 여백에 찍어야 할까, 아니면 다음 행 첫칸에 덩그러니 구두점을 찍어야 할까. 실제로는 두 가지 격식이 있는 것 같다.

구두점을 칸 밖에 찍는 경우에, 다음 행의 첫칸을 비우고 써나가는 사람이 있다. 그렇게 하면 단락을 바꾸기 위해 한 칸 비워둔 것과 구별이 안 된다. 이런 경우는 규칙으로 어떻게 정해져 있을까.

이에 대해 출판 편집자 몇 명에게 물어보았다. 놀랍게도 다 제각각이다. 결국 규칙이 따로 없다는 말이다. 이럴 경우에 편집자들은 문맥 앞뒤를 살펴보아 판단한다. 바람직한 방법은 구두점을 그냥 칸 밖에 찍고, 다음 행의 첫칸을 비우는 일 없이 그대로 다음 문장을 써나가는 것이다.

이 외에도 규칙이 확립되어 있지 않은 사항이 많이 있다. 팸플릿 정도로 보급한다고 해결될 것 같지는 않다. 그 이전의 문제다. 출판 문화가 번성한 일본인데 이렇게나 허술한 점이 많다니. 이 현상이 누구 책임인지 따지는 것은 어렵지만 그보다 사태 개선이 급선무다. 역시나 출판, 인쇄 업자들에게 솔선을 기대할 수밖에 없다. 거대한 집필자 인구가 어떻게 하면 좋을지 헤매고 있다. 그 해결책을 강구해주길 바란다.

원고는 원고지에 쓴다

원고 쓰는 방식의 기술적인 측면을 자세히 해설할 의도는 없다. 무엇보다 아직도 규칙이 제대로 확립되어 있지 않다. 그래서 일단은 기본적인 사항만 설명하기로 한다.

원고는 원고지에 쓴다. 이것이 원고를 쓰는 행위에서 가장 기본적인 규칙이다.

당연한 것 아니냐고 생각할지도 모르지만 모르고 있는 사람이 부지기수다. 시험 삼아 학생들에게 리포트를 제출하라고 시킨 적이 있다. 제출된 리포트 중 원고지에 쓴 것은 별로 없었다. 대개 노트 비슷한 종이를 이용했다. 특히 눈에 많이 띈 것은 리포트지였다.

리포트니까 리포트지에 썼는데 뭐가 잘못인가, 라고 생각할지도 모른다. 그러나 자기 혼자 읽고 만족하는 일기나 노트라면 몰라도 타인에게 보여주기 위해 쓴 리포트를 이런 종이에 써서는 곤란하다. 쓰는 사람은 몰라도 읽는 사람은 불편하다. 읽는 것은 그렇다 쳐도 정확한 분량을 모르겠다.

앞서 원고는 타인을 위해 쓴다고 말했다. 즉 타인이 읽어야 하는 모든 글이 원고다. 타인에게 보여주는 원고는 잠재적으로는 인쇄될 가능성이 내포되어 있다. 따라서 편지가 아닌 이상 타인에게 원고를 보여줘야 할 때는 원고지에 쓰는 습관을 길러야 한다.

리포트지라고 부르는 가로로 괘선이 쳐진 커다란 종이에 어떤 이점이 있는지는 잘 모르겠다. 리포트란 누군가에게 무엇을 보고하기 위한 목적이다. 보고받는 사람을 난처하게 만들어서는 안 된다. 리포트지를 사용하는 이유는 아마도 원고지에 대한 고정관념 때문이 아닌가 싶다.

원고지에는 정서적인 내용, 즉 문예적인 내용만 써야 한다는 고정관념이 있는 데 반해 리포트지는 자연 과학, 혹은 기술적인 사항을 마음대로 써도 된다는 통념이 있다. 이런 통념은 참으로 난센스다. 원고지는 어떤 분야에서든 사용할 수 있다. 문예 작품이든, 자연 과학이든 타인에게 보여줄 때는 원고지에 쓰는 것이 옳다.

원고에서 인쇄로

원고 형식 같은 사소한 이야기를 장황하게 설명한 까닭은 그것이 의외의 장소에서 문장과 발상법, 나아가서는 지적 생산의 내용을 제약하고 있기 때문이다.

현재 세계에서 우리가 사용하는 원고지 같은 형식을 지적 생산의 도구로 사용하는 나라가 또 있을까. 중국에서는 무엇을 사용하는지 모르겠지만 로마자를 사용하는 서구 유럽은 당연하고 인도, 아랍, 동남아시아에서도 원고지라는 형식은 찾아볼 수가 없다. 우리가 쓰는 원고지는 현재 상용중인 활판 인쇄 방법과 깊은 관계를 가지고 있음이 분명하다. 활판 인쇄는 단면이 정방형인 각주형 활자를 잔뜩 늘어놓고 초판한다. 그리고 원고지가 인쇄된 틀에 한 자씩 글자를 메워간다. 언뜻 보기에 원고지 칸에 글씨를 써가며 원고 한 장을 채워가는 것과 비슷하다. 이런 조판 방법 때문에 다른 방식으로 원고 쓰기가 쉽지 않다.

그런데 조판 방법이란 잘 알려진 바와 같이 문선文選과 식자植字라는 두 공정을 통해 이루어지고 있다. 즉 문선공이 원고를 보면서 잔뜩 쌓인 활자 속에서 필요한 글자를 찾는다. 그러면 이번에는 식자공이 지정된 형태를 맞추면서 조판한다. 참으로 원시적이고 비능률적이다. 현대 문명이 이처럼 전시대적인 노동을 의지해왔다는 현실이 믿어지지 않을 정도다. 가격적인 면에서도 메리트가 없다. 인쇄의 모든 공정에서 이 두 부분이 가장 비싼 코스트를 차지하고 있다.

외국에서도 과거에는 원리적으로 이와 유사한 방법으로 판을 짰다. 일본에서는 메이지 초기부터 이런 방식을 사용해온 것으로 알고 있다. 즉 메이지 이후로 인쇄 기술에 발전이 없었던 것이다. 그동안 외국에서는 모노타이프가 생겼고, 마음대로 조판하는 기술이 가능해졌다. 우리도 문선에는 모노타이프를 사용하고 있다. 그러나 사람 손을 이용하는 전통적인 방식에서 크게 달라지지는 않았다. 서구에서는 알파벳만으로 모든 문장이 가능하지만 우리는 엄청난 수의 한자를 일일이 조작해야 하기 때문이다. 활자수가 한정된 모노타이프로는 문선의 기계화는 꿈 같은 이야기다. 그래서 아직도 100년 전과 동일한 방법으로 인쇄가 이루어지고 있다.

인쇄는 그렇다 치고 원고 집필자는 어떻게 변해야 하는가. 지금 이 순간에도 200자용 원고지에 한 글자씩 메우며 원고를 쓰고 있다. 손의 움직임이 생각보다 더뎌서 원하는 속도로 원고를 쓸 수가 없다. 만약 타이프라이터를 이용한다면 생각하는 즉시 원하는 문장이 눈앞에 나타날 것이다. 유럽과 미국에 비교한다면 우리의 출판 문화는 양적으로 전혀 밀리지 않는다. 그러나 질적으로는 아직도 차이가 있다. 그 이유는 원고 쓰는 방식의 차이에 있다는 생각이 든다.

앞서 설명한 바와 같이 편지는 타이프라이터로 쓰고 있다. 마찬가지로 원고도 타이프라이터로 쓰게 되는 날이 온다면 얼마나 좋을까. 그렇게 되면 사각형의 테두리가 쳐진, 기껏해야 200자밖에 쓰지 못하는 원고지는 쓰레기통에 버려도 좋다.

원고 쓰는 방식의 규칙에 대한 이야기를 했는데, 마치 현행 규칙을 기초부터 파괴해야 한다는 주장처럼 들릴 것이다. 그러나 어쩔 수 없는 일이다. 지적 생산 기술의 개발을 목표로 하는 이상 부득이한 시대적 흐름이라고 생각한다.

띄어쓰기와 원고

최근 100년 넘게 일본어는 극심한 변화를 겪어왔다. 메이지 시대 초기부터 일본어 문장은 일종의 한문에 가까워서 한자가 상당히 많았다. 언문일치체言文一致體가 실시되었어도 실은 동사 어미를 일본어 가나로 바꾼 것일 뿐, 한문 문맥에서 완전히 벗어나지는 못했다. 표기법은 한자와 가나가 섞여 있는 형태로, 여전히 한자가 주체였다.

그 후 일본어 문장에 일어난 눈에 띄는 경향은 가나로 쓰는 부분이 늘었다는 점이다. 특히 2차 세계대전 후 일련의 국어 개혁은 그 경향을 더욱 강화하였다. 지금은 일본어 가나에 한자가 섞여 들어간 모습이라 봐도 좋다.

이미 눈치 챘겠지만, 이 책은 한자보다 일본어 가나 쪽이 꽤 많이 보일 것이다(이 책의 원서는 저자가 의도한 대로 한자 사용을 최소화하였다-편집자 주). 실은 나로서는 더욱 한자를 줄이고 싶었다. 전부 일본어 가나로 쓰는 것은 힘들더라도 대부분을 가나로 쓰고 한자를 몇 개인가 곁들이는 정도로 일본어를 표기할 수 있다면 모노타이프는 물론, 라이노타이프도 사용 가능할 것이다. 그것은 일본 인쇄 문화에 혁명적인 변화를 가져올 것이다.

하지만 일본어 문장은, 가나 부분이 길게 이어지면 어디서 끊어 읽어야 될지 파악하기가 어렵다. 읽기 쉽게 하려면 단어와 단어 사이를 띄어쓰는 수밖에 없다.

정서는 필요 없다

마지막으로 두 가지 문제를 추가하고자 한다. 하나는 정서淨書에 대해, 또 하나는 복사본이다.

정서는 과연 필요한가. 원고를 쓸 때 초고를 작성한 후 이를 깨끗이 정리해서 옮겨 쓰는 사람이 많다. 경우에 따라서는 두 번, 세 번씩 초고를 옮겨 쓰는 사람도 있다. 확실히 여러 번 고칠수록 문장이나 내용이 바로잡히고, 또 깨끗이 정서해놓으면 읽는 사람도 편하다.

젊은 시절 은사였던 탐험 평론가 가노 이치로加納一郎 선생님의 충고가 생각난다. 가노 선생님은 현재 삿포로에서 유유자적하게 세월을 보내고 계신데 젊은 시절에는 신문기자로서, 또 등산가로서 대단한 활약을 펼치셨다. 또 후진을 위해 수고를 아끼지 않고 지도해온 분이다. 그 가노 선생님이 '원고는 정서할 필요가 없다'라고 가르쳐주셨다. 그 이유는 원고를 깨끗이 정서해서 인쇄소에 넘기면 오식誤植이 많아지기 때문이었다. 가노 선생님의 주장에 따르면 정서한 원고를 받은 인쇄공은 원고가 깨끗해 자기도 모르게 방심을 하고 실수를 더 많이 한다는 논리였다.

또 하나 정서에 대해 기억나는 충고는 "자네는 1000매짜리 원고도 정서할 생각인가"라는 말씀이었다. 아닌 게 아니라 정서가 반드시 필요하다면 '대작'은 일찌감치 접어야 한다. 그 말씀을 듣고 정서에 대해서는 일체 생각해보지도 않았다. 그 방침이 오늘날까지 유지되고 있다. 정서하지 않더라도 인쇄공이 알아볼 수 있을 정도로만 원고를 쓰면 된다. 퇴고 때 복잡하게 수정되었더라도 일반 방식에 따라 알기 쉽게 고쳤다면, 또 사전에 인쇄소와 협의를 거쳤다면 충분히 의사가 통하게 될 것이다.

반드시 복사한다

또 한 가지 중요한 기술은 복사에 관해서다.

미국의 어느 저널리스트와 이야기할 기회가 있었다. 그는 일본에서는 손으로 원고를 쓰고 있다는 말을 듣고 깜짝 놀라는 표정을 지었다. 그리고 "복사본은 어떻게 하고 있죠?"라고 물어보았다. 내가 "복사본은 여간해서는 만들어두지 않는 게 보통입니다"라고 대답하자 "원고를 분실했을 때는 어떻게 하려구요?" 하고 되묻는 것이었다. 확실히 옳은 질문이었다. "우리나라 우편 시스템은 신뢰할 만합니다. 도중에 원고가 없어지는 일은 없거든요"라고 변명처럼 대답했지만 출판사에서 원고를 잃어버린 적이 몇 번 있었다. 그때마다 얼마나 애를 먹었는지 모른다.

복사본은 반드시 만들어야 한다. 고심해서 완성시킨 원고가 사라져버릴 때처럼 허무한 경험은 없다. 또 인쇄소로 넘어가는 도중에 원고가 행방불명될 가능성도 얼마든지 생각해볼 수 있다. 따라서 복사본은 반드시 준비해둬야 한다.

문제는 어떤 식으로 복사본을 만들 것이냐다. 손으로 베껴놓기는 엄두가 나지 않는다. 내가 타이프라이터로 원고를 써야 한다고 주장하는 이유 중 하나는 바로 복사본 때문이다. 타이프라이터라면 복사본이 자동적으로 만들어진다. 타이프라이터가 아니라면 각종 복사기를 의존하는 수밖에 없는데 성능 좋은 복사기를 쉽게 구할 수 있는 것도 아니고 비용도 만만치 않다. 결국 출판사에서 복사본에 대한 해결책을 내놓아야 한다고 생각한다.

제11장
문장

실문증(失文症)

다음은 문장을 쓰는 단계다. 문장을 쓰기 위해서는 어떤 주의가 필요한가. 이미 설명한 바와 같이 현대사회에서는 직업적인 문필가가 아니더라도 문장을 써야 될 기회가 상당히 많다. 문장을 쓸 수 있는 기술은 모든 지적 직업인의 기능 중 하나이다. 요즘 같은 시대에도 이과 출신이라 문장력이 약하다느니, 문학부 출신이라 글이 좋다, 라는 식으로 생각하는 사람들이 있다. 이런 이야기는 모두 난센스이다. 문장을 쓰는 능력에 문과, 이과 따지는 것은 의미가 없다. 제대로 된 문장을 쓰지 못해서는 이야기가 논리적으로 전해지지 않는다. 내가 존경하는 선배 중에 문장 쓰기가 제일 고통스럽다고 말하는 사람이 있었다. 훌륭한 실험 과학자로 상당한 업적을 남긴 사람이었음에도 어떤 상황에서도 자신이 직접 글을 쓰는 법이 없었다. 그런데 만나서 이야기를 들어보면 무척이나 재미있다. 말은 그렇게 잘하면서 그 말을 문장으로 표현하려면 머릿속이 깜깜해진다는 것이다. 원고지를 책상에 내려놓음과 동시에 뇌수가 굳어져 한 글자도 못 쓰겠다는 고백이었다. 말이 입에서 나오지 않는 실어증이라는 병이 있는데 이런 사람은 실문증이라고 불러야 될 것 같았다.

문장 쓰기를 싫어하는 행동가

또 내 친구 중 훌륭한 필드워커(야외 연구자)가 있다. 함께 필드(현지)에 나가서 일할 기회가 있을 때마다 다면적인 재능과 활발한 정신 활동에 마음으로부터 탄복하곤 한다. 그런데 필드워크 보고서를 쓴 것을 보면 무슨 말인지를 모르겠다. 간단한 요약을 작성하는데도 오래 걸리고, 그렇게 간신히 써놓은 것도 문장이 형편없다. 훌륭한 필드워커였던 모습이 믿기지 않을 정도로 빈약하다. 그 때문에 자신의 성취 결과를 인정받지 못하는 안타까운 상황에 자주 놓이곤 했다.

세상에는 이런 사람이 뜻밖에도 많다. 문장 쓰기를 싫어하거나, 일체 쓰지를 않거나, 또는 쓰더라도 변변치 못하다. 앞서 기록 이야기를 하면서 설명했듯이 대단한 업적을 거둔 사람이 문장력 때문에 그에 합당한 대우를 받지 못한 케이스를 숱하게 보았다. 탐험이나 학술 조사 작업 등을 하다 보면 그런 실례와 마주칠 기회가 많다. 현재

전 세계에 흩어진 일본인 탐험대의 수로 말하면 미국에 버금간다. 세계 도처의 미개지와 변경에서 일본인이 활동하고 있다. 문제는 이런 사실을 알고 있는 사람들이 극히 적다는 것이다. 그 이유는 열심히 탐험하고, 조사하고, 발굴했지만 결과에 대한 보고가 이루어지지 않았기 때문이다. 다시 말해 행동에만 열심일 뿐 문장을 통해 다른 사람에게 자신의 수고를 보여주고 확인시켜주는 능력이 다른 선진국에 비해 현저히 낮다는 뜻이다. 안타깝게도 행동가일수록 글이라면 질색을 하는 사람들이 너무 많다.

재능보다는 훈련

실문증이나 문장 알레르기에 걸린 사람은 어떻게 구제해줘야 하는가. 방법은 나도 모른다. 마치 남의 일처럼 말해버렸는데 솔직히 고백하면 나 자신이 그런 타입에 가까웠다. 천성이 행동파여서 문장 다루는 일이 처음부터 마음에 들지 않았다. 직업 성질상 조사 결과 등을 문장으로 표현해야 했다. 그때마다 참을 수 없을 만큼 괴로웠다. 원고지를 앞에 두고 끙끙 앓는다. 결과적으로 너무 많은 시간이 소모되어 편집자에게 원망을 듣기 일쑤였다.

어떤 작가의 작품에 다다사오 우메오只樟埋男 씨라는 노학자가 등장해 놀란 적이 있다. 이 노인은 원고 마감이 내일인데도 여전히 글 한 줄 못 쓰고 있었다. 한밤중이 되어서도 생각이 떠오르지 않아 고생하던 끝에 갑자기 어디서 여우 울음소리가 들리기 시작했다. 그런데 여우 울음이 마치 사람의 말처럼 들렸다는 것이다. 그래서 별 생각 없이 받아 적었다. 그랬더니 자기가 쓰려고 했던 글이 나오더라는 얘기였다. 원고가 써지지 않아 고생하다가 급기야는 반쯤 포기한 상태로 되는 대로 써보았더니 생각보다 문장이 수월하게 써지는 과정을 여우에 홀린 것에 비유한 것이다. 이왕이면 멀쩡한 정신 상태로 술술 글이 나오면 좋겠지만 여간해서는 그런 행운이 없다. 쓰고자 하는 문장을 쉽게 마음껏 표현해내는 사람을 보면 부러운 생각이 드는 까닭은 그가 행운아처럼 느껴져서다.

타고난 재능이라고도 할 수 있지만 교육과 훈련의 비중이 더 크다고 생각한다. 젊었을 때 제대로 배워두었더라면 여우 울음소리가 들리지 않아도 여유를 가지고 나의 생각을 문장으로 표현해냈을 것이다. 하지만 지금은 너무

늦어버렸다.

고생스럽기는 하지만 지금까지 내게 필요한 문장을 취사해서 원고를 완성시킬 수 있었던 원동력은 친구들로부터 배운 문장 쓰는 기술과 경험 덕분이라고 믿는다. 천성적인 문장가가 아니더라도 기술적인 훈련이 이루어진다면 누구든지 일정 수준의 문장을 자유롭게 구사할 수 있다고 본다.

생각을 정리한다

문장 쓰는 방식에도 기술적인 훈련이 가능하다고 설명했지만 막상 이를 구체화해서 소개하자니 곤란해지는 입장도 사실이다. 일단 나와 가까운 동료들이 문장력을 강화시켜주는 기술로 개발한 몇 가지들을 소개해보도록 하겠다.

문장을 쓰는 작업은 사실상 두 가지 단계로 이루어진다. 첫째는 생각을 정리하는 단계다. 둘째는 그것을 실제 문장으로 표현하는 단계다. 일반적으로 글을 쓴다, 라고 하면 두 번째 단계인 기술론을 떠올리기 쉽다. 그러나 핵심은 첫 번째인 생각을 정리하는 단계이다. 써야 할 내용이 없으면 문장을 쓸 수가 없다. 문장을 쓰기 위해서는 먼저 써야 할 내용이 있어야 한다.

나의 경험을 돌아보더라도 여간해서는 원고가 써지지 않는다고 생각될 때는 생각의 정리가 충분히 이루어지지 않은 상태였다. 써야 할 내용에 확신이 없었다는 이야기다. 사람이 글을 쓰는 까닭은 정보를 전달하기 위해서다. 전달할 만한 가치를 지닌 정보들이 머릿속에서 만들어지지 않은 상태에서 무슨 수로 이를 다른 사람들에게 전달할 수 있겠는가.

그렇다면 생각은 어떻게 정리해야 할까. 어떤 식으로 정리해야만 머리에 담겨진 내용을 가다듬고 곁에 둘 수 있을까. 소설가라면 생각을 정리할 필요도 없을 것이다. 계속해서 떠오르는 이미지를 더듬어가다 보면 두루마리 그림처럼 한 폭의 수채화가 완성되는 능력이 자연스레 몸에 익숙해진다. 무엇보다 소설을 기획하는 사람들은 일반인에 비해 문장력이 탁월하다. 나 같은 일반인에겐 이런 능력이 결여되어 있다. 따라서 그림을 그리듯 마음먹은 대로 글을 다루지는 못한다. 그렇다고 손을 놓고 있어서도 안 된다. 그래서 생각해낸 기술이 문장을 짜맞춰나가는 방식이었다.

나와 동료들은 사회적으로 공인된 지식 산업인 학문 연구에 종사하고 있으나 유감스럽게도 지능은 단순한 편이다. 지식과 이미지들이 단편적인 모습으로 유지되고 있다. 지식과 이미지가 의식의 표면 위로 드러날 때도 논리적인 형태를 갖추고 있지는 않다. 이 같은 난해한 이미지를 문장이라는 논리적 형식으로 담아내기 위해서는 일정한 문장의 틀을 갖춰놓고 여기에 억지로 끼워맞추는 수밖에 없었다. 생각나는 대로 썼다가는 무슨 글인지도 모르게 되기 때문이다.

'고자네' 법

써야 할 내용, 즉 소재를 축적하는 기술에 대해서는 이 책에서 여러 차례 설명했다. 발견의 수첩도 그렇고, 틈틈이 작성한 카드들도 문장 소재로 이용 가능하다. 상황에 따라서는 모아놓은 카드를 적당히 늘어놓기만 해도 하나의 문장이 논리적으로 탄생해버린다.

소재를 나란히 늘어놓기만 해도 생각이 정리된다는 말이 쉽게 이해가 되지는 않을 것이다. 단편적인 소재를 바탕으로 생각을 정리하거나 문장을 구축하기 위해서는 다음과 같은 기법이 필요하다.

우선 종이를 준비한다. 나는 규격 외의 종이는 무조건 B8판(6.4cm×9.1cm) 사이즈로 재단한다. 그렇게 만든 종이를 지금부터 사용해보는 것이다. B8판 종이에 지금 생각하고 있는 주제와 관련이 있는 단어, 구절, 또는 짧은 문장 등을 한 장에 한 항목씩 적어본다. 생각나는 대로 적는 것이다. 순서는 상관하지 않는다. 이미 가지고 있는 카드도, 발췌한 자료도, 책에서의 지식도, 사용할 수 있는 정보는 모두 한 번씩 이 종이에 써본다. 대충 만들어졌다고 생각하면 그 종이를 책상 위나 방바닥에 나란히 늘어놓는다. 이를 통해 현재의 주제에 대한 자신의 생각을 눈으로 확인할 수 있게 된다.

다음으로 늘어놓은 종이를 한 장씩 주우면서 그와 관련된 종이가 없는지 찾아본다. 있다면 그것들을 묶음으로 포개놓는다. 이때 중요한 것은 절대로 종이를 분류해서는 안 된다. 지적 생산의 목적은 분류가 아니다. 분류라는 작

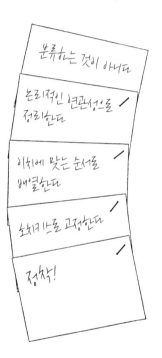

분류하는 것이 아니다

논리적인 연관성으로
정리한다

이치에 맞는 순서로
배열한다

소치카드를 고정한다

정착!

업에는 사전에 설정된 틀이 필요하다. 기존 틀로 소재를 분류해본들 새로운 아이디어는 솟아나지 않는다.

논리적으로 연관성이 있다고 생각되는 종이들끼리 한 묶음으로 정리하는 것이다. 이런 식으로 몇 개의 묶음이 완성되면 이번에는 논리적으로 이치에 맞다고 판단되는 순서로 이 묶음들을 배열한다. 순서가 정해진 후에는 호치키스를 찍는다. 이것으로 새로운 아이디어가 탄생했다.

이렇게 만든 종이묶음을 나는 '고자네'라고 부른다. 중세시대에 갑옷을 만들 때 조그마한 가죽 널빤지를 끈으로 이어 맞춰 갑옷의 형태를 미리 잡아주었는데 그 널빤지를 고자네小札라고 불렀다. 호치키스로 철한 종이묶음을 보고 고자네가 연상되었기에 이런 명칭으로 부르게 되었다.

분리된 자료를 연결시킨다

고자네가 몇 개씩 만들어졌다면 이번에는 고자네와 고자네 사이에서 형성되는 관계성을 고려해봐야 한다. 그리고 논리적인 연관성이 있는 고자네들끼리 다시 묶음을 만든다. 경우에 따라서는 고자네를 해체하기도 하고, 다시 결합시키기도 한다. 호치키스로 정리했으므로 해체와 결합은 수월하다. 이런 작업을 하는 동안에도 새로운 소재가 생각나면 동일한 방식으로 고자네를 추가한다.

이렇게 해서 논리적으로 정리된 한 무리의 고자네 묶음이 만들어졌다면 이를 한데 모아 클립으로 묶고 제목을 붙인다. 이제 남은 단계는 고자네 묶음과 제목을 보면서 전체적인 구성을 생각해보는 것이다. 이른바 기승전결식의 배열도 생각해볼 수 있고, 좀 더 파격적인 배열을 고민해볼 수도 있다. 고자네 묶음의 배열에 대한 생각은 문장의 전체적인 균형을 고민하는 것과 같은 의미를 지닌다. 이 정도가 되면 이제 남은 단계는 고자네 묶음의 배열대로 써나가는 일뿐이다. 아니, 거의 다 썼다고 봐도 무방하다. 고자네 묶음의 배열은 그 자체로 원고의 개요이기 때문이다. 고자네 묶음을 순서대로 한 장씩 살펴보면서 그 내용을 문장으로 환원시키기만 하면 된다. 이 작업이 끝나면 고자네는 더 이상 쓸모가 없다. 버려도 상관없다.

고자네 법은 머릿속 움직임을 밖으로 끄집어내는 일종의 출력 도구라고 할 수 있다. 어떤 점에서는 주판과 비슷하다. 주판에 의한 계산은 암산으로 이루어지지만 머릿속

움직임을 주판이라는 시뮬레이터로 가동해보기에 더욱 확실해진다. 고자네 법은 생각의 주판이다. 한 장, 한 장의 고자네는 주판알에 해당한다고 볼 수 있다.

고자네 법의 장점은 창조적 사고를 촉구한다는 것이다. 분산된 소재를 여러 가지 형태와 순서로 결합시키면서 자기도 모르게 새로운 논리적 연관성을 발견하게 된다. 문장이라는 측면에서 생각해봤을 때 고자네 법은 논리적이고 정리된 문장을 쓸 수 있도록 도움을 준다. 타고난 문장가라면 이런 기술은 불필요할 것이다. 고자네 법은 평범한 사람들을 위한 문장 기술이다.

발상의 체계적 기술

사실 이 방법은 훨씬 전부터 동료들 사이에서 조금씩 발전되어왔다. 그것을 이론상으로도, 또 실기상으로도 크게 발전시킨 방법이 도쿄 공과대학 교수인 가와키다 지로의 KJ법이다.

KJ법이란 그의 이니셜을 따서 명명한 것인데, 이질적인 데이터의 결합을 통해 예상하지 못했던 의미를 발견해내는 새로운 아이디어의 출현이 포인트다. 소위 말하는 발상법의 체계적인 기술로서 최근에 상당한 주목을 받고 있다. 특히 여러 사람들의 '중지衆智 모으는 기술'로서 대단한 평가를 받고 있다. 각종 기업에서도 KJ법 실용화를 눈앞에 두고 있다. 내가 소개한 고자네 법은 개인용의 이른바 밀실용 지적 생산 기술이며, 가와키다의 체계적인 발상법에 비하면 소박하고 초보적인 기술에 속한다. 'KJ법 B형에 의한 문장화'라는 기술과 거의 유사할 것이다. KJ법에 대해서는 그의 저서 『발상법発想法』을 참고하기 바란다.

우선 알기 쉽게

생각이 정리되면 문장으로 쓴다. 이때 주의해야 될 점은 무엇인가.

학창 시절 논문을 쓸 때 다음과 같은 주의를 받은 기억이 난다. 문장을 쓸 때는 단형시短形詩를 쓰는 심정으로 써야 한다는 가르침이었다. 생략할 말은 철저하게 생략하고, 되도록 짧게 쓰라는 것이다. 오늘날처럼 바쁜 세상에서 긴 논문은 사람들이 읽어주지 않는다고 배웠다. 우리는 어떻게 하면 논문을 짧게 쓸 수 있는지를 고심했다.

전혀 의미도 없이 말만 길게 늘어진 논문을 읽으면 정말 화가 난다. 옛날에는 이런 논문이 많았다. 그래서 간결한 문장을 강조하기 위해 '단형시'처럼 쓰라고 가르쳤을 것이다. 나름대로 의미가 있는 교훈이라고 생각한다.

그런데 이 가르침에서 한 가지 납득되지 않는 점이 있었다. 단형시를 논문의 모범으로 삼는다면 어떤 일이 벌어질까. 단형시가 언어 표현으로서는 매우 감각적이고 논리적이지 않다는 것은 별도로 치더라도 단형시처럼 한 번 읽어서는 의미가 이해되지 않는 문장은 논문으로서는 부적합한 것이 아닌가, 라는 생각이 들었다. 바쁜 세상에서 단형시의 느낌을 맛볼 작정으로 논문을 여러 번 읽으며 음미해줄 사람이 어디 있을까. 한 번 읽어서는 이해가 되지 않는 문장은 우리가 추구하는 문장이 아니었다. 짧은 문장도 좋지만 그 폐단도 분명히 존재했다. 문장의 길이보다는 한 번 읽어도 누구나 이해 가능한 기능성이 중요하다. 문장은 전보가 아니므로 억지로 짧게 쓸 필요는 없다. 전보라고 해도 상대방이 이해할 수 있는 표현을 생각해내야지 짧게 써서 요금을 절약하는 이득이 전보의 목적은 아니다. 간결한 문장도 좋지만 이왕 고민해서 써야 한다면 알기 쉽게 표현하는 기능에 중점을 맞춰야 한다.

용어의 상식

요즘 학생들의 문장 실력이 형편없다는 평가는 대다수 교수들 사이에서는 이미 정설로 굳어지고 있다. 그러나 어떤 점에서 형편없다는 것인지 분명히 해둘 필요가 있다.

먼저 용어와 표기법의 문제이다. 이는 문장을 다룰 때의 기초적인 상식이다. 영어로 말하면 스펠링에 해당된다. 이런 기초적인 지식도 모른 채 지적 생산을 하겠다는 용기는 앞뒤가 맞지 않는다.

용어도 중요하지만 한 번 읽고 뜻이 통하는 논리적인 문장력을 갖췄는가도 중요하다. 이 점에 있어서 중년층과 청년층 중 어느 쪽이 더 낫다고 쉽게 말하기는 어렵다. 개인적인 판단으로는 젊은 사람들이 좀 더 낫다고 본다. 옛날에는 난해한 문장일수록 사상이 훌륭하다는 식으로 생각하는 사람이 많았다. 요즘 젊은이들 중에도 그렇게 생각하는 사람이 있겠지만 문장은 옛날 사람들보다 훨씬 평

이해지고 있다.

짧고 간단하면서도 의미가 충분히 통하는 문장이 가장 생산적인 문체라고 생각한다. 옛날에 비해 그런 문장이 상당히 늘어났다는 현상은 부인하기 어렵다.

문장 기술의 양극화

여러 번 설명했듯이 지적 생산 기술은 여전히 개발에서 소원해지고 있다. 그나마 문장 기술은 여러 지적 생산 기술 중 가장 많이 개발되었다고 생각한다. '원고를 쓰는 방법'이라는 책은 없어도 '문장을 쓰는 방법' 같은 책이라면 얼마든지 있다. 자신의 문장력을 한 단계 끌어올리고 싶다면 서점에서 이런 책을 구입해서 독습하는 것도 좋은 방법이다. 일정 수준까지 향상되는 것은 가능할 것이라고 생각한다. 문장 작성 기술의 구체적인 사항에 대해서는 이들 책을 참고하기 바라면서 여기서는 더 이상 언급하지 않기로 한다. 대신 기본적인 문제점은 몇 가지 언급하고 넘어갈까 한다.

문장에 대한 책은 여러 종류가 있지만 크게 나눠보면 두 가지 계열이다. 첫째는 문예적인 문장에 중점을 둔 책이고, 둘째는 비즈니스적인 문장에 중점을 둔 책이다. 문예적 문장법은 당연히 전문 문예 작가들이 집필한 것이 많고, 비즈니스적 문장법은 비즈니스 관계자가 쓴 책이 많다.

현실에서 자신의 문장력을 발전시키려는 사람들의 요구는 크게 이 두 가지 방향으로 좁혀져 있는 것인지도 모르지만 내가 봤을 때 이 같은 양극 분해는 적절치 않다고 생각된다. 문예라는 것은 주력이 소설이고, 비즈니스라고 하면 주력은 편지와 광고 등이다. 문장은 이 둘에 국한된 것은 아니다. 현대인은 다방면에서 문장을 필요로 하고 있다. 따라서 문예와 비즈니스로 문장의 영역을 축소시킬 필요는 없다고 본다. 우리가 필요로 하는 문장은 어떤 상황에서나 활용 가능한 단순한 문장이다. 굳이 표현하자면 단순한 지적 문장, 기술적 문장이라고도 할 수 있다. 이를 통해 서로 정보를 주고받고 지식을 확장시키는 것이다.

현실적으로 문장 기술에 관한 책이 문예적인 것과 비즈니스적인 것 등 두 가지 계열로 분류되어 있다면 어느 쪽을 택해야 하는가. 일반론으로서는 비즈니스 계열이 낫다고 본다. 문학자가 쓴 문장론은 개성적이고 재미는 있지만 보통 사람들이 참고할 만한 부분은 많지 않다. 작가의 문장은 언어 예술이다. 우리가 평소에 쓰는 문장이 예술적일 필요는 없다.

실문증이나 문장 알레르기가 생기는 것은 문장을 문학이라고 생각하기 때문이다. 문장이라고 하면 일단은 문학적인 장르부터 떠올리는 습관이 사회 전반에 확산되어 있기 때문이다. 현대에서는 옛날처럼 미문조美文調의 문장이 유행하거나 하지는 않는다. 그러나 문장의 핵심은 '감동'이라는 견해가 아직도 광범위하게 남아 있다. 어떤 문장을 써야 사람들이 감동하는가, 라는 관점에서 문장을 평가한다. 감정이란 예술적으로 추구하는 결과다. 이렇게 되면 예술적인 재능에 뛰어난 특별한 사람들만 문장을 쓸 수 있다는 고정관념이 생기게 된다.

오늘날 모든 사람들에게 필요한 지적 생산을 위한 기초 기술은 문장이다. 지적 생산의 기술로 활용되는 문장까지 사람들에게 감동을 전하려고 노력할 필요는 없다. 생각과 정보와 지식을 다른 사람이 이해하도록 전달할 수 있는 기능적인 문장만으로도 충분하다.

문학을 부정하지는 않는다. 예술적인 문장도 존재해야
한다. 그러나 지적 생산의 기술로서 훈련을 필요로 하는
것은 비문학적인 문장이다. 이 경우 문학 작품은 그다지
본보기가 되지는 않을 것 같다.

과거에는 문장의 역할이 문자의 아름다움과 강하게 연
결되어 있었다. '서예를 하지 못하면 문장을 쓸 자격이 없
다'는 말도 있었다. 문장은 문자적인 조형 예술과 단단히
결부되어 있었다. 그래서 글씨를 잘 못 쓰는 사람은 아예
편지도 쓰지 않았다. 아무리 좋은 내용의 편지를 쓰더라
도 글씨가 서툴다는 이유로 문장에 담겨 있는 정보를 깡그
리 무시했기 때문이다. 즉 과거에는 글씨체의 수려함으로
문장의 가치를 결정했다.

그러나 시대가 바뀌면서 문장은 조형 예술에서 독립했
고, 독자적인 방향으로 발전해나가기 시작했다. 나는 여
기에서 한 발 더 나아가 문학에서의 해방을 주장하고 싶
다. 문장을 언어 예술에서 독립된 순수한 커뮤니케이션
수단으로 발전시켜야 한다는 뜻이다.

현재 문장 교육은 문학 작품을 통해 이루어지고 있다.

국어 수업은 국문학 수업과 혼동되고 있다. 국어를 가르치는 대부분의 교사들이 국문학 출신이며, 문학적인 지향성이 강하다.

오늘날에 있어서는 조금 다르게 생각해볼 필요가 있다. 국어와 국문학은 별개의 교과라고 생각한다. 국문학 수업이라면 당연히 국문학 전공자가 담당해야 한다. 그러나 국어의 문제, 나아가서는 문장의 문제라면 정보공학적인 측면에서 접근하는 것도 생각해봐야 하지 않을까. 대학으로 치면 공학부에 정보공학과라든가, 언어공학 같은 학과를 만들어 그 출신자가 담당하도록 하는 것이다.

약간 급진적인 의견인지는 모르겠지만 장래의 지적 생산 기술, 특히 문장에 의한 커뮤니케이션의 중요성을 고려해봤을 때 이런 점도 고찰해봐야 한다는 생각이 들었다.

마치며

기술의 체계화를 지향하면서

이상으로 지적 생산의 기술에 대해 내 멋대로 이야기를 진행시켜보았다. 언젠가는 좀 더 체계적인 서술법을 통해 이와 비슷한 화제를 또 한 번 다루게 될지도 모르겠다. 앞서 설명한 바와 같이 이 책에서 다룬 내용은 개인적인 지적 생산의 기술이다. 집단, 또는 사회 차원에서의 지적 생산 기술에 대해서는 좀 더 논의되고 발전되어야 할 것이다.

내가 이 책에서 나타내려고 한 주제는 학문 방법과 비슷했다. 하나하나의 기술에 대해 말한다면 다들 이미 실행하고 있는 기술들이다. 다들 하고 있는 내용을 또 한 번 설명한 셈이다. 한 가지 차이점이 있다면 각각의 기술을 하나의 시스템으로 묶어 결합시키려고 시도했다는 점일 것이다. 각 기술들에는 여러 가지 기법이 있고, 이 기법은 공통적인 원리에 의해 탄생되었다. 환경에 맞게 시스템화해서 사용하도록 권했다는 점에서 하나의 방법론이었다고 생각한다.

그러나 이 시스템은 아직도 미완성이다. 사회적, 문화적인 조건은 앞으로도 눈부시게 달라질 것이다. 그에 따라 지적 생산 기술의 시스템도 크게 달라질 게 분명하다. 다만 그런 경우에도 이 책에서 제시한 사고방식이라면 충분히 대응할 수 있으리라고 확신한다.

이 책에 기술한 정보들은 어느 하나를 예로 들어보더라도 이론은 간단하다. 다만 이런 종류는 머리로 이해하더라도 직접 해보지 않으면 의미가 없다. 직접 여러 가지를 시도해보자. 자기에게 딱 맞는 기술을 개발하게 될 것이다. 이에 대한 정보 교환을 위해 '지적 생산 기술'을 다루는 전문 잡지가 발간되었으면 좋겠다는 바람이 있다.

되풀이 말하겠다. 실천이 가장 중요하다. 실천하지 않고 머리로 판단하면서 비판만 하다가는 아무것도 손에 넣지 못한다. 어느 기법이든 실행해보면 각기 상당한 노력이 필요하다는 깨달음을 얻게 될 것이다. 지적 생산에 비결은 없다. 노력하지 않고서는 결실도 없다.

정보화시대의 새로운 교육

옛날 사람들은 이 책에서 설명한 사항들에 무관심했다. 군이 지적 생산의 기술에 대해 고민해볼 필요가 없었기 때문이다. 그러나 현대에는 새로운 시대상들이 펼쳐지고 있다. 이에 맞서 우리는 자기만의 지적 생산 기술을 연마해야 할 필요성이 생겼다.

옛날 사람은 물건을 소중히 하고 아껴야 한다는 교육은 철저하게 받았다. 그러나 정보를 중요하게 다루라는 교육은 받지 못했다. 그래서 주인의 서재에 바람이 들어와 종이가 바닥에 흩어진 것을 보고 늙은 하녀가 깨끗이 정리한 것까지는 좋았는데 하얀 종이는 쓸 수 있을 것 같아서 책상에 올려놓고 글자가 적힌 종이는 모두 버렸다는 웃지 못할 이야기도 전해진다.

정보 관리는 물질 관리와는 원리가 다르다. 아깝다는 원리가 최상은 아니다. 따라서 여러 가지 형태의 새로운 교육이 필요하다. 이를테면 종이나 인쇄물을 없애지 말 것, 서류를 접거나 둥글게 말지 말 것, 글씨 쓰는 것을 귀찮게 여기지 말 것 등 어린아이 때부터 훈련시키면 얼마든지 몸에 익혀질 성질이다.

전통적인 예의범절 교육은 물질시대에는 적합했지만 새로운 정보화시대에는 적당치 않은 점이 많다. 정보의 생산, 처리, 전달에 필요한 기초 훈련을 초등학교, 중학교 무렵부터 확실하게 가르친다면 분명히 성과가 드러날 것이다. 노트와 카드를 기록하는 방법, 정리법의 이론과 실제, 사무 처리법 등 기본적인 기술들은 어렸을 때부터 가르쳐야 한다.

앞서 문장 교육은 정보공학적인 관점에서 실행해야 된다고 말했다. 여기서 예를 든 여러 가지 지적 생산 기술의 교육이 만일 실행된다면 어떤 과목에서 실시하는 것이 좋을까. 국어과 범위는 아닐 것이다. 사회과도 아니고, 물론 가정도 아니다. 앞으로는 '정보과'라는 과목이 신설되어 종합적인, 그리고 집중적인 교육을 실시하게 되리라고 예상해본다.

수첩을 활용하는 방법부터 이야기를 시작해서 마침내 미래의 교육론까지 언급하게 되었다. 지나친 독단이었는지도 모르겠다. 지적 생산의 기술에 대해 독자들의 관심과 활발한 토론 및 연구 발표가 있기를 기대하면서 책을 마친다.

역자 후기

현대인의 일정은 아침에 눈 뜨자마자 스마트폰을 확인하는 것에서 시작된다. 문자 메시지, 일정, 이메일을 확인하고 뉴스를 검색한다. 인터넷과 컴퓨터가 보편화된 세상에서 인간은 손 안에서 꾸물거리는 작은 스마트폰만 활용하면 무엇이든 검색하여 알아낼 수가 있다. 스마트폰으로 물건을 구매하고 식당에 갈 때도 '검색'이라는 지식 정보를 자유롭게 활용한다.

그러나 한 가지 아쉬운 점은 절대 다수가 정보화시대에 소비자 및 관찰자로만 머무르고 있다는 것이다. 생명이라는 환경이 유지되기 위해서는 신진대사가 필수다. 인간의 육체는 산소를 마시고 탄소를 배출한다. 탄소는 식물의 광합성에 동원되어 산소를 만들어낸다. 인간이 음식물을 소화하여 배설물이라는 영양소로 대지에 새로운 영향력을 미치는 것 또한 신진대사의 일종이다. 마찬가지로 정보화시대를 살아가는 인간이라면 너 나 할 것 없이 꾸준히 정보를 입력하고 출력하는 지적인 신진대사가 이루어짐이 마땅한데, 현실은 그렇지가 않다. 제일 큰 문제점은 우리 교육이 여전히 주입식 암기를 표방하고 있다는 것이다. 학교 교육은 여전히 정보 입력에만 사활을 걸고 있다. 지식을 습득하고 배우는 과정에만 치중하다 보니 학교를 졸업했을 때 사회가 청년에게 요구하는 지적 생산자로서의 능력은 전무하다. 어디서도 지적 생산의 기술을 배워봤거나 경험해본 적이 없기 때문이다. 이는 교육의 문제인 동시에 지적 생산자가 되고 싶다는 인간 정신의 신진대사가 위기에 처해지는 장면이기도 하다.

이 책의 저자 우메사오 다다오는 생전에 '지적 생산'이란 인간의 영혼에 새겨진 본래적인 욕망이라고 이야기했다. 의식주라는 생존의 기본 조건들도 중요하지만 인간이 삶을 영위하는 최대 원동력은 육체가 아닌 정신, 그중에서도 지적인 생산을 계획하고 여기에서 보람을 찾는 데 있다는 주장이다.

"지적 생산은 지식정보사회의 일원으로 살아가는 현대인에게 눈앞의 중요한 과제가 되었다. 연구자, 학생, 문필업자, 또는 넓게 정보산업 종사자라고 봐도 되는데, 그 범위를 더욱 확대시켜서, 현대사회에 소속된 모든 이들이 생각하고, 새로운 정보를 창출하고, 그렇게 만들어진 정보를 바탕으로 이전보다 향상된 생활을 가꿔나가는 지적 생산 활동에 동참해야 한다. 우리 사회가 그것을 요구하고 있다. 그야말로 정보대량화시대다. 사회는 모든 구성원들이 새로운 정보를 생산해주기를 기대하고 있다. 또 이를 전제로 미래를 계획하고 있다. 사람들은 자기에게 필요한 정보를 정리하고, 정보를 통해 생각하고, 결론을 내리고, 타인에게 전달하고, 행동한다. 정도의 차이는 있겠지만 모두가 이렇게 하지 않으면 안 된다."

본문에 나오는 이 짧은 구절이야말로 지식정보화시대를 살아가는 개인의 권리이자 의무라고 하겠다. 스스로 정보의 입력과 출력을 관리하는 능력은 자신의 가치를 높이는 일이며, 인간 본능에 새겨진 정신의 신진대사이기 때문이다.

대학 진학률이 80퍼센트에 육박하는 현실에서 지적 생산을 추구해왔다고 자부할 만한 사람의 비율이 얼마나 될까. 학력이 개인의 인생을 결정짓는 최대의 요건으로 부상했지만 교과서 밖에서 개인의 삶을 지적으로 풍요롭게 만들 줄 아는 사람이 점점 더 줄어들고 있다는 것은 정보의 풍요가 개인의 지적인 만족으로 대체될 수 없음을 보여주는 가장 확실한 증거라고 생각된다.

이 책의 첫 페이지만 읽어봐도 알 수 있으리라고 생각되는데, 지적 생산은 소수 지식계급의 노동과는 다르다. 노동이 사회적인 부가가치를 창출해내는 것이 1차 목적이라고 한다면 이 책이 추구하는 지적 생산은 개인의 본능을 만족시키는 데 더 큰 가치를 두고 있다. 그렇기 때문에 처음 이 책이 출간된 이후 수십 년이 지났음에도, 어찌 보면 지적 생산의 매체가 혁명적으로 바뀌었음에도 여전히 열렬한 호응과 사회적 반향을 이끌어내고 있는 것이 아닌가 감탄하게 된다.

인터넷과 스마트폰과 SNS의 출현으로 우리는 지적 생산의 욕구마저 남에게 의존하는 편리성에 길들여져 버렸다. 인류 역사를 고찰하건대 길들여짐은 언제나 인간을 사회의 부품으로 전락시키는 악습이었다. 깨어난 의식으로 이를 자각한 독자들에게 이 한 권의 책이 지적 생산의 여정에서 꺼지지 않는 등불이 되어주기를 기대해본다.

지적 생산의 기술

초판 1쇄 인쇄 2018년 1월 10일
초판 1쇄 발행 2018년 1월 15일

저자 : 우메사오 다다오
번역 : 김욱

펴낸이 : 이동섭
편집 : 이민규, 오세찬, 서찬웅
디자인 : 조세연, 백승주
영업 · 마케팅 : 박래풍, 송정환, 최상영
e-BOOK : 홍인표, 김영빈, 유재학, 최정수
관리 : 이윤미

㈜에이케이커뮤니케이션즈
등록 1996년 7월 9일(제302-1996-00026호)
주소 : 04002 서울 마포구 동교로 17안길 28, 2층
TEL : 02-702-7963~5 FAX : 02-702-7988
http://www.amusementkorea.co.kr

ISBN 979-11-274-1280-7 04190
ISBN 979-11-7024-600-8 04080

CHITEKI SEISAN NO GIJUTSU
by Tadao Umesao
Copyright © 1969, 2010 by Junko Umesao
First published 1969 by Iwanami Shoten, Publishers, Tokyo.
This Korean edition published 2018
by AK Communications, Inc., Seoul
by arrangement with the Proprietor c/o Iwanami Shoten, Publishers, Tokyo.

이 도서의 국립중앙도서관 출판예정도서목록(CIP)은 서지정보유통지원시스템 홈페
이지(http://seoji.nl.go.kr)와 국가자료공동목록시스템(http://www.nl.go.kr/kolisnet)
에서 이용하실 수 있습니다. (CIP제어번호: CIP2017034849)

*잘못된 책은 구입한 곳에서 무료로 바꿔드립니다.